高等院校**电子商务类**
新形态系列教材

网店
运营与管理

微课版

李蛟　赵浩宇◎主编

张维　汪浩◎副主编

Electronic
Commerce

人民邮电出版社

北　京

图书在版编目（ＣＩＰ）数据

网店运营与管理 ：微课版 / 李蛟，赵浩宇主编. --
北京 ：人民邮电出版社，2025.1
高等院校电子商务类新形态系列教材
ISBN 978-7-115-64451-0

Ⅰ．①网… Ⅱ．①李… ②赵… Ⅲ．①网店－运营管
理－高等学校－教材 Ⅳ．①F713.365.2

中国国家版本馆CIP数据核字(2024)第098537号

内 容 提 要

本书共 10 章，包括网店运营基础知识、网店开通与管理、网店商品图片拍摄与处理、网店装修与设计、网店营销推广、网店物流与包装管理、网店客服与管理、网店数据分析、移动社交网店运营与管理、跨境电商网店运营与管理。

本书提供配套课件、教学大纲等教学资源，用书教师可以登录人邮教育社区（www.ryjiaoyu.com）免费下载。

本书既可作为本科、高职院校电子商务等专业相关课程的教材，也可供电子商务、市场营销、网络营销与直播电商从业人员参考使用，还可作为相关培训机构的培训用书。

◆ 主　　编　李　蛟　赵浩宇
　　副 主 编　张　维　汪　浩
　　责任编辑　陆冠彤
　　责任印制　胡　南

◆ 人民邮电出版社出版发行　　北京市丰台区成寿寺路 11 号
　　邮编　100164　电子邮件　315@ptpress.com.cn
　　网址　https://www.ptpress.com.cn
　　大厂回族自治县聚鑫印刷有限责任公司印刷

◆ 开本：787×1092　1/16
　　印张：12.75　　　　　　　　2025 年 1 月第 1 版
　　字数：309 千字　　　　　　2025 年 5 月河北第 3 次印刷

定价：52.00 元

读者服务热线：（010）81055256　印装质量热线：（010）81055316
反盗版热线：（010）81055315

前　　言

党的二十大报告中指出："加快发展数字经济，促进数字经济和实体经济深度融合，打造具有国际竞争力的数字产业集群。"这是抓住世界科技革命和产业变革机遇、抢占未来发展制高点的客观要求和有力举措。数字经济通过新技术、新要素、新业态等有效地促进了实体经济的增长，数字经济和实体经济的深度融合，将释放出巨大的生产力和经济增长空间。在此背景下，我国的电子商务产业蓬勃发展，电子商务产业的发展需要高水平人才支撑，为培养更多高水平人才，编者编写了本书。本书旨在帮助没有基础和经验的读者了解电子商务行业中的网店运营与管理工作。为了更好地帮助读者学习和实践，本书以"学用结合"为编写原则，强调实用性。

本书内容

第 1 章为网店运营基础知识。通过对本章的学习，读者可对网店运营有一个基本的了解。本章主要内容包括网上开店的基础知识，开店平台的选择，网店定位、选品与货源的选择。

第 2 章为网店开通与管理。通过对本章的学习，读者可掌握开通与管理网店的技能。本章主要内容包括网店开通与基本设置、上传和发布商品、网店的日常管理。

第 3 章为网店商品图片拍摄与处理。通过对本章的学习，读者可掌握拍摄与处理网店商品图片所需要的技能。本章主要内容包括网店商品图片的拍摄、网店商品图片的处理。

第 4 章为网店装修与设计。通过对本章的学习，读者可掌握装修与设计网店所需要的技能。本章主要内容包括店招的设计与制作、海报的设计与制作、店铺主图的设计与制作。

第 5 章为网店营销推广。通过对本章的学习，读者可掌握网店营销推广的相关技能。本章主要内容包括网店促销活动与营销工具、站内付费推广、站外引流推广。

第 6 章为网店物流与包装管理。通过对本章的学习，读者可掌握网店物流与包装管理的相关内容。本章主要内容包括网店物流方式的选择、物流工具的设置、商品包装。

第 7 章为网店客服与管理。通过对本章的学习，读者可掌握如何做好网店客服与管理的工作。本章主要内容包括网店客服基础知识、网店客服营销过程中的服务、客户关系管理。

第 8 章为网店数据分析。通过对本章的学习，读者可学会分析网店数据。本章主要内容包括数据分析基础知识、网店数据分析指标、使用生意参谋分析网店数据。

第 9 章为移动社交网店运营与管理。通过对本章的学习，读者可掌握移动社交网店运营与管理的相关内容。本章主要内容包括移动社交电商概述、抖音直播运营实战、快手直播运营实战。

第 10 章为跨境电商网店运营与管理。通过对本章的学习，读者可了解跨境电商网店运营与管理的相关知识。本章主要内容包括跨境电商基础知识、跨境电商平台全球速卖通运营。

本书特色

（1）内容体系完整

本书围绕网店运营的工作内容，按照网店运营工作的不同阶段，结合实操案例详细介绍网店营销推广、网店数据分析、网店物流与客服管理的方法和技巧等，内容涵盖网店运营的各个方面。

（2）实操性强

本书内容均取材于真实的网店运营工作，严格对照《网店运营推广职业技能等级标准》进行写作。本书所涉及的操作部分，均以详细、直观的图解方式呈现，让零基础的读者也可轻松上手、举一反三。

（3）板块新颖

本书在板块设计上努力做到将"学思用贯通"与"知信行统一"相结合，在理论教学中融入职业道德等元素，以提升读者的职业素养。

（4）配套资源丰富

本书提供课件、教学大纲、复习思考题答案、期末试卷及答案、电子教案、实训手册等配套资源，用书教师可以登录人邮教育社区（www.ryjiaoyu.com）免费下载。

本书由李蛟、赵浩宇担任主编，张维、汪浩担任副主编。李蛟负责第 1 章、第 2 章的编写，赵浩宇负责第 3 章～第 6 章的编写，张维负责第 7 章、第 8 章的编写，汪浩负责第 9 章、第 10 章的编写。

在编写本书的过程中，编者参考了大量图书、论文和相关网站的内容，在此对相关作者表示感谢。由于编者水平有限，书中难免存在疏漏，请各位专家与读者不吝赐教。

编　者

2024 年 7 月

目　　录

第 1 章　网店运营基础知识 ·· 1

1.1　网上开店的基础知识 ·· 1
1.1.1　网上开店的概念与条件 ·· 1
1.1.2　网店运营前的市场调研与规划 ··· 2
1.1.3　网上开店的流程 ·· 4
1.2　开店平台的选择 ·· 5
1.2.1　淘宝网 ··· 5
1.2.2　天猫商城 ·· 6
1.2.3　京东 ··· 6
1.2.4　拼多多 ··· 7
1.2.5　微店 ··· 7
1.2.6　社交平台 ·· 8
1.3　网店定位、选品与货源的选择 ··· 8
1.3.1　网店定位 ·· 8
1.3.2　网店选品与货源的选择 ·· 11
课后实训 ·· 13
复习思考题 ··· 14

第 2 章　网店开通与管理 ·· 16

2.1　网店开通与基本设置 ·· 16
2.1.1　店铺的开通流程 ·· 16
2.1.2　店铺的基本设置 ·· 19
2.2　上传和发布商品 ··· 20
2.2.1　商品发布的流程 ·· 20
2.2.2　淘宝助理的使用步骤 ··· 23
2.3　网店的日常管理 ··· 25
2.3.1　商品交易管理 ··· 25
2.3.2　订单管理 ··· 29
课后实训 ·· 31
复习思考题 ··· 31

第 3 章　网店商品图片拍摄与处理 ·· 33

3.1　网店商品图片的拍摄 ·· 33
3.1.1　拍摄器材 ··· 33
3.1.2　拍摄前的准备工作 ·· 35
3.1.3　商品拍摄的构图 ·· 38
3.2　网店商品图片的处理 ·· 42
3.2.1　调整图片大小 ··· 42
3.2.2　裁剪图片 ··· 45

3.2.3 旋转图片 ………………………………………………………… 46

3.2.4 调整图片的亮度 ……………………………………………… 48

3.2.5 调整图片的颜色 ……………………………………………… 51

3.2.6 抠图 ……………………………………………………………… 53

课后实训 …………………………………………………………………… 55

复习思考题 ………………………………………………………………… 56

第 4 章　网店装修与设计 …………………………………………………… 58

4.1 店招的设计与制作 ……………………………………………………… 58

4.1.1 店招的设计 ……………………………………………………… 58

4.1.2 店招的布局 ……………………………………………………… 59

4.1.3 店招的制作 ……………………………………………………… 60

4.2 海报的设计与制作 ……………………………………………………… 67

4.2.1 海报设计的技巧 ………………………………………………… 67

4.2.2 海报设计的要点 ………………………………………………… 68

4.2.3 海报设计的表现手法 …………………………………………… 70

4.2.4 海报的制作 ……………………………………………………… 70

4.3 店铺主图的设计与制作 ………………………………………………… 72

4.3.1 主图尺寸规范与素材选择 ……………………………………… 73

4.3.2 主图的营销体现 ………………………………………………… 73

4.3.3 主图的制作 ……………………………………………………… 75

课后实训 …………………………………………………………………… 79

复习思考题 ………………………………………………………………… 79

第 5 章　网店营销推广 ……………………………………………………… 81

5.1 网店促销活动与营销工具 ……………………………………………… 81

5.1.1 网店的促销活动 ………………………………………………… 81

5.1.2 网店的营销工具 ………………………………………………… 85

5.2 站内付费推广 …………………………………………………………… 86

5.2.1 直通车 …………………………………………………………… 86

5.2.2 钻石展位 ………………………………………………………… 92

5.2.3 淘宝客 …………………………………………………………… 93

5.3 站外引流推广 …………………………………………………………… 95

5.3.1 微信营销推广 …………………………………………………… 95

5.3.2 微博营销推广 …………………………………………………… 96

5.3.3 短视频营销推广 ………………………………………………… 97

5.3.4 直播营销推广 …………………………………………………… 101

课后实训 …………………………………………………………………… 103

复习思考题 ………………………………………………………………… 103

第 6 章　网店物流与包装管理 ……………………………………………… 105

6.1 网店物流方式的选择 …………………………………………………… 105

6.1.1 国内主要的快递公司 …………………………………………… 105

6.1.2 快递公司的选择 ………………………………………………… 106

6.2　物流工具的设置 ··· 108
　　6.2.1　服务商的设置 ··· 108
　　6.2.2　运费模板的设置 ··· 109
　　6.2.3　地址库的设置 ·· 111
6.3　商品包装 ·· 111
　　6.3.1　商品包装的作用 ··· 112
　　6.3.2　商品包装设计的原则与策略 ································· 112
　　6.3.3　包装材料的选择 ··· 114
　　6.3.4　包装时的要求 ·· 115
　　6.3.5　不同商品的包装技巧 ·· 115
课后实训 ··· 116
复习思考题 ·· 116

第7章　网店客服与管理 ·· 113
7.1　网店客服基础知识 ··· 118
　　7.1.1　网店客服的工作特点 ·· 118
　　7.1.2　网店客服的工作职责 ·· 119
　　7.1.3　网店客服应具备的基本素质 ································· 120
7.2　网店客服营销过程中的服务 ·· 121
　　7.2.1　售前服务 ··· 121
　　7.2.2　售中服务 ··· 122
　　7.2.3　售后服务 ··· 122
　　7.2.4　智能客服 ··· 124
7.3　客户关系管理 ·· 131
　　7.3.1　客户识别的内容 ··· 131
　　7.3.2　客户运营平台及应用 ·· 132
　　7.3.3　淘宝群运营 ··· 133
课后实训 ··· 136
复习思考题 ·· 137

第8章　网店数据分析 ·· 138
8.1　数据分析基础知识 ··· 138
　　8.1.1　数据分析的认知 ··· 138
　　8.1.2　数据分析的流程 ··· 139
　　8.1.3　数据分析的方法 ··· 140
　　8.1.4　网店数据分析的工具 ·· 143
8.2　网店数据分析指标 ··· 144
　　8.2.1　网站运营指标 ·· 144
　　8.2.2　经营环境指标 ·· 147
　　8.2.3　销售业绩指标 ·· 148
　　8.2.4　营销活动指标 ·· 150
　　8.2.5　客户价值指标 ·· 150
8.3　使用生意参谋分析网店数据 ··· 153

  8.3.1 生意参谋平台概述 ……………………………………………………… 153

  8.3.2 实时直播 ………………………………………………………………… 154

  8.3.3 流量分析 ………………………………………………………………… 156

  8.3.4 交易分析 ………………………………………………………………… 158

 课后实训 ……………………………………………………………………………… 159

 复习思考题 …………………………………………………………………………… 159

第 9 章 移动社交网店运营与管理 ……………………………………………… 161

 9.1 移动社交电商概述 …………………………………………………………… 161

  9.1.1 移动社交电商的定义与特征 ………………………………………… 161

  9.1.2 移动社交电商的主要形式 …………………………………………… 162

 9.2 抖音直播运营实战 …………………………………………………………… 163

  9.2.1 开通抖音直播及主播人设的打造 …………………………………… 163

  9.2.2 开通抖音小店和绑定收款账号 ……………………………………… 164

  9.2.3 商品橱窗管理 ………………………………………………………… 166

  9.2.4 直播预告设置 ………………………………………………………… 168

  9.2.5 投放随心推 …………………………………………………………… 169

  9.2.6 抖音直播间管理 ……………………………………………………… 169

 9.3 快手直播运营实战 …………………………………………………………… 174

  9.3.1 开通快手直播 ………………………………………………………… 174

  9.3.2 主播人设的打造 ……………………………………………………… 176

  9.3.3 开通快手小店 ………………………………………………………… 176

  9.3.4 绑定收款账号和开通推广权限 ……………………………………… 179

  9.3.5 快手小店管理 ………………………………………………………… 180

  9.3.6 管理佣金收入 ………………………………………………………… 181

 课后实训 ……………………………………………………………………………… 183

 复习思考题 …………………………………………………………………………… 183

第 10 章 跨境电商网店运营与管理 …………………………………………… 185

 10.1 跨境电商基础知识 ………………………………………………………… 185

  10.1.1 跨境电商的定义与特点 …………………………………………… 185

  10.1.2 跨境电商的分类 …………………………………………………… 186

 10.2 跨境电商平台全球速卖通运营 …………………………………………… 187

  10.2.1 速卖通认知 ………………………………………………………… 187

  10.2.2 速卖通的入驻 ……………………………………………………… 188

  10.2.3 速卖通的收付款及放款方式 ……………………………………… 190

  10.2.4 平台发布类规则 …………………………………………………… 191

  10.2.5 速卖通的选品 ……………………………………………………… 192

  10.2.6 商品的配送与客户服务策略 ……………………………………… 192

 课后实训 ……………………………………………………………………………… 194

 复习思考题 …………………………………………………………………………… 194

参考文献 ……………………………………………………………………………… 196

第1章 网店运营基础知识

章首导学

学习目标

1	知识 目标	❖ 了解网上开店的概念与条件 ❖ 了解网店运营前的市场调研与规划 ❖ 了解网店定位的相关内容
2	技能 目标	❖ 掌握网上开店的流程 ❖ 掌握开店平台的选择方法 ❖ 掌握网店选品的相关内容 ❖ 掌握网店货源选择的相关内容
3	素养 目标	❖ 培养网店运营的创新意识

1.1 网上开店的基础知识

在正式开设网店之前，卖家首先需要对如何运营网店有明确的规划：明确以哪种模式开设网店，选择在哪个电子商务平台开设网店；分析要卖什么商品，如何进货，商品的目标客户是谁。只有做好这些规划，卖家才能有明确的方向。

1.1.1 网上开店的概念与条件

你知道什么是网上开店吗？网上开店需要哪些条件？针对这两个问题，下面进行详细介绍。

1. 网上开店的概念

网上开店指通过互联网建立一个虚拟的商店，并通过该商店出售商品的销售方式。它是一种基于互联网大发展背景的新型销售方式。在网店中，买家无法直接接触商品，只能通过商品图片、商品描述、买家评论等了解商品，确认购买后，再由卖家通过邮寄等方式将商品寄给买家。

2. 网上开店的条件

要成功开设网店，卖家除了要具备良好的商业头脑之外，还需具备一定的专业知识。互联网和计算机是网上开店的基本媒介，因此卖家一定要熟悉和了解。除此之外，根据卖家开店的性质，网店还需配备一定的硬件设备。

（1）网上开店的硬件要求

网上开店的硬件一般指开店前或开店过程中必须使用的设备。下面对网上开店的主要设备进行介绍，如表 1-1 所示。

表 1-1　网上开店的主要设备及要点说明

网上开店的主要设备	要点说明
计算机	计算机是网上开店必不可少的硬件，不管是兼职卖家还是专业卖家，都需要准备一台具有基本配置的台式计算机或者笔记本电脑
数码相机	由于网店的商品主要是通过图片展示给买家的，图片精细与否直接关系着商品的销售率，因此卖家需要准备一台拍照效果良好的数码相机。品质好的数码相机可以还原更多商品细节，减少后期处理工序，节约时间
手机	对现在的电子商务而言，手机的作用非常大。不管是实体店还是网店，不仅都需要卖商品，也需要卖服务，而网店卖家更多需要依靠网上交流平台和手机来维护客户关系。除此之外，现在越来越多的买家选择通过手机端购买商品，因此卖家需要时刻关注手机端的店铺情况，随时体验并查看自己店铺在手机端上的功能和表现
传真机和打印机	根据网店的商品性质，部分网店还需配备传真机和打印机，用于打印与发送文件等

除了上述硬件之外，根据网店和商品的性质，卖家可能还需要一些其他的硬件设施，如专业卖家或企业还需要办公场所、固定电话及其他与商品相关的设施。

（2）网上开店的软件要求

网上开店的软件要求主要与卖家的计算机操作能力相关，如系统和网页的基本操作能力，使用图形图像软件、网页制作软件、办公软件和聊天软件等的能力。网上开店应用的主要软件如表 1-2 所示。

表 1-2　网上开店应用的主要软件及要点说明

网上开店应用的主要软件	要点说明
电子邮件	电子邮件是网络上常见的一种通信方式，在很多场合都需要使用，如联系客户和维护客户关系、联系批发商、信息验证和确认等。电子邮件的内容多种多样，可以是文本和图片，也可以是声音和视频，使用非常便捷
聊天软件	聊天软件是卖家与买家沟通的主要方式，很多买卖都是通过聊天软件达成的，因此卖家一定要掌握阿里旺旺、微信、QQ 等主流聊天软件的使用方法，且具备一定的打字速度
办公软件	对网店而言，卖家使用较频繁的办公软件主要有 Word 和 Excel。Word 主要用于编排文档、制作文件，Excel 则主要用于统计和分析各种销售数据、日常收支、员工工资等
图形图像软件	图形图像软件以 Photoshop、光影魔术手等为主，主要用于处理商品图片、美化商品效果等。Photoshop 是一款功能非常强大的图形图像软件，卖家主要使用它的裁剪、调色、抠图、图层、画笔、文本、蒙版等功能
网页制作软件	网页制作软件主要用于设计和制作网页，常用的网页制作软件为 Dreamweaver。卖家需要建立独立的网站时就需要使用网页制作软件

1.1.2　网店运营前的市场调研与规划

卖家在开店前，通常需要对整个市场进行调研与规划，以全面了解整个市场的情况。

1. 网店运营前的市场调研

（1）市场调研的目标

市场调研的目标主要分为两个方面，一是初级目标，二是深度目标，如图 1-1 所示。

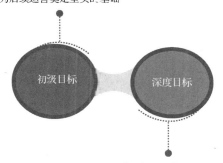

清晰地认知商品、行业、市场，
为后续运营奠定坚实的基础

准确把握网络市场容量、发展趋势，以及
商家竞争、盈利情况，助力网店运营决策；掌
握竞争商家营销策略和消费者特征，辅助推进
网店营销计划

图 1-1　市场调研的目标

（2）网店运营前的市场调研的内容

由于市场环境和市场主体不同，网店运营前的市场调研与传统市场调研存在明显的差异，其内容包括 4 个，如图 1-2 所示。

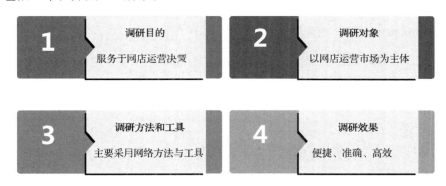

图 1-2　网店运营前的市场调研的特征

（3）网店运营前的市场调研的方法

网店运营前的市场调研方法主要有以下 3 种，如表 1-3 所示。

表 1-3　网店运营前的市场调研的 3 种方法及要点说明

市场调研方法	要点说明
网络文案调研法	网络文案调研法主要用于行业、市场、商品等初级资料的收集、整理和分析，主要工具包括以百度为代表的搜索引擎、百科平台、电子商务平台、行业网站、代表性企业网站等
人物访谈法	人物访谈法三要用于行业、卖家深度经营情况收集、整理、分析，主要借助电话、网络视频连线、实地采访及和业内人士进行交流沟通等方式，对调研者人际关系资源要求较高
网络数据工具调研法	网络数据工具调研法是指利用系统、成熟的网络数据工具对市场资料进行收集、整理、分析，主要工具有搜索指数、电子商务数据系统，如百度指数、阿里指数、淘系生意参谋、京东商智、多多参谋，以及第三方工具看店宝、生意经等。这些网络数据工具上的数据全面、及时、准确，便于调研者深度把握网络市场容量、趋势和竞争对手、客群情况。采用此法需要注意，不同的零售平台对各种工具的适用程度存在一定差异

2．网店运营前的市场规划

网店运营前的市场规划就是卖家结合市场情况，确定发展战略，制定短期规划和长期规划。

（1）确定发展战略

企业应将结合自身特点确定发展方向。

（2）制定短期规划

企业应基于当前电子商务发展情况，如将短期规划目标确立为占领中高端市场。

（3）制定长期规划

在长期规划中，企业应将稳定市场、提升团队实力及品牌的影响力作为主要目标。

1.1.3　网上开店的流程

卖家在网上开店之前，首先要考虑经营什么商品，然后选择开店平台。淘宝、京东等都是比较有名的平台，卖家可以根据自身情况选择。下面以在淘宝开店为例说明网上开店的流程。

1．确定卖什么

如果卖家能找到别人不容易找到的特色商品，那么这将会是在网上开店的一个良好开端。此外，销售质优价廉的商品，更能留住客户。

2．选择开店平台

通常，自设服务器成本会很高，常见的方式是选择一个提供网络交易服务的平台，注册成为该平台的用户。平台会要求卖家用真实姓名和有效身份证进行注册。

3．申请开设网店

在平台上申请开设网店时，卖家要详细填写网店所提供的商品的分类，以便让目标客户准确地找到网店。然后，需要为网店起一个醒目的名字，以便提升人气。申请开设网店时如果需要填写个人资料，应该如实填写。

4．网店进货

低价进货、控制成本非常重要，卖家必须重视这一点。进货渠道包括从各地的批发市场、网站或厂家直接进货等。

卖家可以参观淘宝上的同类网店，多研究等级高的店铺，了解等级高的店铺的商品、销售情况、特色，做到知己知彼，让商品具有"人无我有"的独特卖点。

5．商品拍摄

购入商品后，卖家应该为商品拍一些漂亮的照片。要尽量把商品拍得美观，但前提是不失真，过度美化的照片容易失真，有可能会给将来的交易带来麻烦。

6．发布商品信息

在把每件商品的名称、产地、性质、外观、数量、交易方式、交易时限等信息发布在网店上的同时，应搭配商品的图片。商品名称应尽量全面，突出优点，因为当客户搜索该类商品时，只有名称会显示在列表中。

商品描述必不可少，要注意排版美观，避免使用很多种字体、颜色，否则会显得没有条理性，让人找不到重点。真正高质量的商品描述应条理分明，重点突出，阅读方便，令人感觉舒适。

7. 营销推广

为了提升网店的人气，在开店初期应适当地进行营销推广，但只在线上推广是不够的，要利用线上、线下的多种渠道一起推广。例如，可以购买网站流量大的页面上的"热门商品推荐"位置，将商品分类列表中的商品名称加粗，增加商品图片，以吸引客户的关注；也可以利用免费的广告进行营销推广，如与其他网店或网站交换链接等。

8. 售中服务

买家在决定是否购买商品前，很可能需要卖家提供之前没有的信息，他们随时会在网上提出问题，卖家应及时并耐心地回复。但需要注意的是，很多网站为了防止卖家私下交易以逃避交易费用，会禁止买卖双方在网上提供任何个人的联系方式，如邮箱、电话等，否则将对卖家予以处罚。

9. 商品发货

买家下单后，不管是采用平邮还是采用快递，卖家都要在控制成本的情况下将商品安全迅速地运送到买家手中。

10. 评价或投诉

信用是网上交易中一个很重要的因素，为了共同建设良好的信用环境，如果买家对交易满意，应给予卖家好评，卖家则应通过良好的服务获取买家的好评。如果买家投诉，卖家应尽快处理，以免影响网店信用。

11. 售后服务

商品卖出并不代表交易就此结束，无论是技术支持还是退换货服务，卖家都要做到位，完善周到的售后服务是网店生意红火的重要保障。

1.2　开店平台的选择

经营者需根据实际需要来选择网上开店平台，如个人用户适合在淘宝网等 C2C 平台开设店铺，商家、企业等既可以选择 C2C 平台，也可选择天猫商城、京东等 B2C 平台。

1.2.1　淘宝网

淘宝网由阿里巴巴集团在 2003 年 5 月创立，是中国受众非常广的一个网购零售平台。近几年，随着规模的不断扩大和用户数量的快速增加，淘宝网逐渐由原本的 C2C 网络集市变成了集 C2C 团购、分销、拍卖等多种电子商务模式于一身的综合性零售商圈。

淘宝网为淘宝会员打造了非常全面和完善的网上交易平台，操作也比较简单，非常适合想要开设网店的个人卖家。图 1-3 所示为淘宝网首页。

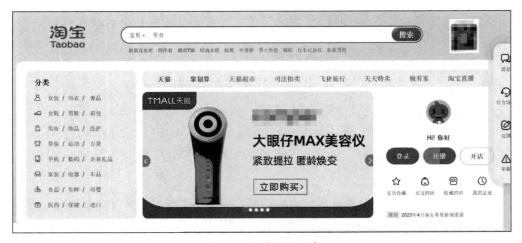

图 1-3　淘宝网首页[①]

1.2.2　天猫商城

天猫商城原名淘宝商城，是一个综合性购物网站。天猫商城是淘宝网打造的 B2C 电子商务网站，整合了众多品牌商和生产商，为消费者提供 7 天无理由退换货及购物积分返现等优质服务。图 1-4 所示为天猫商城首页。

图 1-4　天猫商城首页

1.2.3　京东

京东是自营式电商企业，京东集团旗下设有京东商城、京东金融、京东智能、O2O 及海外事业部，其售后、物流配送等方面的软硬件设施和服务条件都比较健全和完善。京东商城与天猫商城一样，是 B2C 类型的电子商务网站，入驻京东商城必须具备基本的条件。图 1-5 所示为京东商城首页。

---

① 本书中有大量截图，限于篇幅，部分图片只截取了一部分；同时，截图中也存在部分广告、个人信息等内容，本书对其进行了模糊处理；书中所介绍开店平台的 App 端、PC 端页面也处于变化之中，部分图片可能无法保证是最新页面，但不影响读者学习，特此说明。

图 1-5　京东商城首页

1.2.4　拼多多

拼多多是国内移动互联网的主流电子商务应用产品，是专注于 C2M 拼团购物的第三方社交电商平台，用户通过发起和朋友、家人、邻居等的拼团，可以以较低的价格，购买优质商品。拼多多旨在凝聚更多人的力量，用更低的价格买到更好的东西，体会更多的实惠和乐趣。拼多多通过沟通分享这种社交理念，形成了独特的新社交电商思维。图 1-6 所示为拼多多首页。

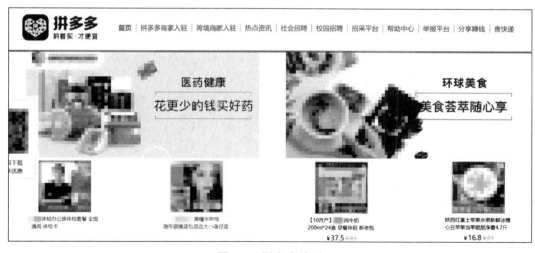

图 1-6　拼多多首页

1.2.5　微店

微店作为一个微商平台，一头连着商家，一头连着用户。对平台来说，微店可收集用户数据，和线下结合，从而间接获得收益。对商家来说，进驻微店的资金、人力等门槛较低，从而降低了开店的成本，可以有效控制风险。图 1-7 所示为微店首页。

图 1-7　微店首页

1.2.6　社交平台

社交平台是互联网上基于用户关系的内容生产与交换平台，是人们用来沟通感情，分享意见、见解、经验和观点的工具。为了深度挖掘平台的价值，更好地实现流量变现，一些社交平台开通了电商功能，用户在这些社交平台上可以开设网店销售商品。

抖音、快手作为短视频、直播领域的代表性平台，均已开通电商功能。用户可以在抖音、快手上开设网店，实现流量变现。

小红书、蘑菇街是以商品导购为主要内容的社交平台。在这些平台上，购物达人向用户分享好用的商品，让用户"种草"，促使用户购买商品，购物达人与用户之间具有良好的互动关系。

在社交平台开设的网店兼具社交属性和电商属性。对个人卖家来说，在社交平台上开设网店是其实现流量变现的方式之一；对品牌商来说，在社交平台上开设网店是其积累私域流量、进行品牌宣传、提升品牌影响力的有效方式之一。

1.3　网店定位、选品与货源的选择

网店运营常关注的问题是网店定位、选品和货源的选择。首先，卖家要进行网店定位，接下来要选择网店要上架哪些商品，然后确定网店的进货渠道。

1.3.1　网店定位

网店定位是网店运营的基础。准确的网店定位，利于有目的地备货、稳定和增加消费群体、加快品牌建设。

1. 网店定位的概念与步骤

网店定位是指网店重点针对某类消费群体销售产品，包括产品定位、价格定位和消费群体定位等。网店定位是做好网店运营的重要一步。

网店定位分为以下几个步骤。

① 前期调研。前期通过上网搜集信息，了解产品的行业信息及市场情况。

② 网店定位分析。通过网店定位分析，对网店的产品、价格及目标消费群体进行精准定位。

③ 货源找寻。通过货源分析，找到适合自己网店的货源。

④ 比较同类网店。通过对比，分析竞争对手的网店，看清自己的优势。

⑤ 确定网店定位。综合分析各方面调查的数据，给网店确定一个最终的市场定位。

例如，卖家有物美价廉的进货渠道（折扣优势），经营的产品知名度高（品牌优势），消费者对该产品的购买意向明确（消费者优势），而竞争者普遍交易规模有限（竞争对手对比优势），在这种情况下，卖家便可以把自己的网店定位为品牌折扣店。

2. 网店风格定位

一个网店的风格，是由该网店所销售的产品决定的。我们很难将网店做得十全十美，即使面向的是一小部分消费群体，也不可能让所有的人满意。因此，网店风格定位的标准，就是选择适合网店的风格。下面简单介绍几种网店风格及其特点。

① 简约风。简约风网店的色调应用素色，装修比较简单，注重细节的处理；注重文字内容的组织，重点突出、言简意赅；注意设计风格的一致性，特别是促销区、栏目区、招牌区及产品的风格，应该尽量统一。简约风网店简单的设计风格和文字内容的结合，给人自然、随性和一目了然的感觉。简约风网店首页如图1-8所示。

图1-8 简约风网店首页示例

② 欧美风。欧美风网店的特点是随性、色彩明快等。网店的模特通常以欧美的模特为主，背景音乐选择欧美风的歌曲。图 1-9 所示的是欧美风穿搭示例，有一种秋日午后的温和感，其亮点就是欧美风的模特图。

图 1-9　欧美风网店示例

③ 清新文艺风。清新文艺风网店在装修色调上多用素色，特点是小众、不落俗套，突出生活感，给人自然、舒适的感觉。图 1-10 所示为清新文艺风穿搭示例，选用的模特体现了知性、复古的特点。

图 1-10　清新文艺风穿搭示例

3．网店产品定位

网店产品定位有 5 种方法，如表 1-4 所示。

表 1-4　网店产品定位的 5 种方法及要点说明

方法	要点说明
产品特点差异定位法	产品本身有很多的特点可以用于提炼卖点，比如产品的功能、颜色、大小、形状、包装、味道等，这些都可成为卖家突出的点，从而形成相对竞争优势
针对特定竞争者定位法	针对特定竞争者定位法首先需要了解最直接的竞争者是谁，找到销量最好、价位最接近、风格最接近的竞争者后，查看该网店销量最好的产品的评价，找出该产品最大的缺点，将竞争者产品的缺点变为自己产品的优点，快速打造自己网店的优势产品
目标消费者定位法	目标消费者定位法就是找到目标消费者关注的焦点，根据目标消费者的关注焦点来定位自己的产品
产品独特性定位法	产品独特性定位法需要根据产品的特点，创造出一种独特的概念，从而形成相对的竞争优势。当然，这种独特概念的创造需要卖家有较强的思维能力和创新能力。这种定位方法与前面几种方法相比更加难，而且在淘宝网店，没有永久的绝对竞争优势，只要产品概念好、有市场，很快就有人复制
切入单一属性定位法	切入单一属性定位法（做"小而美"的网店）就是只选择一个很小的细分市场，只服务于某类细分的人群，然后用心去研究这类人群的个性化特点，全方位地去满足他们的产品需求

 课堂小贴士

网店产品定位注意事项

1．无定位

卖家根据自己的喜好选择产品，把自己喜欢的都拿来卖，类似于杂货店，不能给买家一种专业的感觉，也不能在买家心里留下深刻的印象，导致产品形象不清晰。新手卖家，只有对网店的产品做好定位，突出产品不同于一般产品的特色，才能树立与竞争者不同的产品形象。

2．定位不准确

卖家所定位的产品特色不具有竞争优势。在产品定位中所强调的特色应该是独一无二的，只有这样，才能突出本网店产品的优势，才能吸引顾客购买。

3．定位的特色不具有促销力

在产品定位中，所强调的特色应该是顾客购买产品时较为关注和看重的。但有些卖家简单地认为确定特色就是找卖点，在没弄清楚目标顾客购买产品时主要考虑哪些因素的基础上，想当然地确定卖点，结果产品的卖点与顾客的关注点不相符，导致产品定位的特色不具有促销力。

1.3.2　网店选品与货源的选择

商品的选择对店铺的运营有着至关重要的影响。优质的商品能够为店铺带来可观的销量，能够帮助店铺提升流量，提升商品在搜索结果中的排名，提升店铺的核心竞争力。

1．网店选品原则

在进行网店商品的选择时，应遵循以下原则。

① 开店之初，应选择零库存方式。经营网店和经营实体店是不同的：实体店开张后，可能很快就会有消费者上门；网店却不同，开张几个月无人购买是常有的事。如果新手商家刚开网店时就大量囤货，将很可能造成大量的库存积压。新手商家应尽量保持零库存，选择"一

件起批"的商品。

② 选择熟悉电子商务行业的供应商的商品。商家应尽量选择有网络营销经验、了解网店及网上消费者需求的供应商的商品。有些供应商本身就在经营 B2C 网店，这样的供应商是网店商品来源的好选择。

③ 不要轻易更换网店商品的类别。由于网店开店门槛和成本低，有些商家会在经营中随意更换商品的类别。例如，刚开始销售食品，过一段时间转而销售虚拟商品。这样不仅浪费精力，还不利于网店发展壮大。因此，商家要慎重选择网店经营的商品，选定之后不要轻易更换商品类别。

在选品的过程当中，一般需要对数据进行分析，关注点击率、支付转化率、搜索人气等数据。淘宝提供了直通车、生意参谋、淘宝指数等工具，用来帮助用户进行数据分析。但无论是经营什么商品，都要从商品本身出发，一切的运营技术都不如商品好来得实在。

2. 网店货源的选择

货源的好坏与网店的动态评分有直接关系，并影响网店的运营。因此，如何寻找货源、如何选择货源，对新手卖家至关重要。

（1）网店进货渠道的选择

新手卖家可以通过以下渠道进货。

① 线上渠道：天猫供销平台、阿里巴巴批发网。

② 线下渠道：生产厂家、产业带/批发市场、个体户/农户。

③ 自身渠道：自制手工品。

表 1-5 分析了这几种进货渠道的优缺点。

表 1-5　进货渠道的优缺点对比分析

渠道分类	进货渠道	优点	缺点
线上渠道	天猫供销平台	商品的品牌价值高，店铺的专业形象好	对店铺有要求，途径少，较难获得货源
	阿里巴巴批发网	一手货源，进价较低，供货稳定	商品质量不好把握
线下渠道	生产厂家	货源丰富，途径便捷，支付方便，信用有保证	有进货量的要求，商品质量不好把握
	产业带/批发市场	货源丰富，质量有保证	耗费时间、人力
	个体户/农户	一手货源，价格较低，可以进行差异化营销	需要有一定的人际关系资源
自身渠道	自制手工品	自产自销，货源不受外界因素影响	对个人的技能要求高，不是人人都可以做的

新手卖家可以根据自身网店的定位及所处的位置选择合适的进货渠道，建议以线上和线下渠道相结合的方式作为网店的进货渠道。

（2）网店货源的选择方法

选择了进货渠道之后，怎样找到适合自己的进货商家呢？有什么标准？以线上渠道中的阿里巴巴批发网为例，可以通过正向选择和反向选择两种方法，对进货商家进行选择。

① 正向选择。正向选择是指首先在阿里巴巴批发网上寻找和选择商家，然后确定该产品是否好卖。正向选择的步骤如图 1-11 所示。

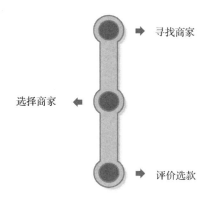

图 1-11　正向选择的步骤

② 反向选择。反向选择是指在淘宝网上寻找已经被验证为畅销的产品，然后在阿里巴巴批发网找到其供货商家。反向选择的步骤如图 1-12 所示。

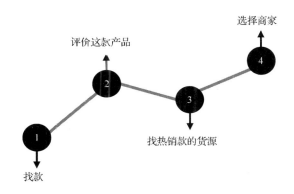

图 1-12　反向选择的步骤

（3）网店货源选择的注意事项

在网店货源的选择过程中，要注意以下 4 点。

① 线下选择距离近的货源，可以很好地把控品质和供应链。

② 一手货源更有价格优势，更容易直接了解产品。

③ 选择线下的货源便于做产品策划，打造差异化的产品。

④ 建议多看、多比较，不要草率决定。

 课后实训

寻找合适的货源

小孙准备在淘宝网开一家男装后，需要寻找合适的货源，朋友小王为他出谋划策，做了以下准备工作。首先对进货渠道进行市场调查（填写表 1-6），然后对行业及商品进行市场调查（填写表 1-7）。

表 1-6　进货渠道市场调查

调查人：_____　日期：_____

项目	线下进货渠道		线上进货渠道	
市场（平台）名称				
商品种类（多/少）				
价格（高/低）				

表 1-7　行业及商品市场调查

调查人：_____　　日期：_____

调查内容	线下进货渠道		线上进货渠道	
市场（平台）名称				
行业名称				
市场需求情况				
商品是否符合市场的流行趋势				
市场容量				
商品是否有前瞻性				

复习思考题[①]

一、填空题

1．网上开店指通过_____建立一个虚拟的商店，并通过该商店出售商品的销售方式。

2．网店运营市场调研的目标主要分为两个方面，一是初级目标，二是_____。

3．_____是网上交易中一个很重要的因素，为了共同建设良好的信用环境，如果买家对交易满意，应给予卖家好评，卖家则应通过良好的服务获取买家的好评。

4．社交平台是互联网上基于_____的内容生产与交换平台，是人们用来沟通感情、分享意见、见解、经验和观点的工具。

5．网店定位是指_____。

二、判断题

1．网上开店的硬件一般指开店前或开店过程中必须使用或需要频繁使用的设备。（　　　）

2．网店定位是指一个网店重点针对某类客户群体销售产品，包括产品定位、价格定位和风格定位。（　　　）

---

① 为激发读者思考，探索书本之外知识，部分复习思考题无法在书中找到明确答案，特此说明。

3．目标消费者定位法就是找到目标消费者关注的焦点，根据目标消费者的关注焦点来定位自己的产品。（　　　）

4．线上进货渠道有正向选择和反向选择两种方法。（　　　）

三、简答题

1．简述网店运营前的市场调研的特征。

2．简述网店运营前的市场调研的方法。

3．简述网上开店的流程。

4．简述网店选品的原则。

5．简述网店货源选择的注意事项。

第2章 网店开通与管理

章首导学

学习目标

1	知识目标	❖ 了解店铺的基本设置 ❖ 了解淘宝助理的使用步骤
2	技能目标	❖ 掌握淘宝账户的注册 ❖ 掌握商品发布的流程 ❖ 掌握商品交易管理 ❖ 掌握订单管理
3	素养目标	❖ 树立正确的网店运营思维

2.1 网店开通与基本设置

在国内，第三方网络零售平台是商家运营网店的主要战场。为便于理解，下面以淘宝店铺为例，讲解网店开通和基本设置的有关内容。

2.1.1 店铺的开通流程

目前在淘宝网开店，有 3 个开店身份可以选择，详见图 2-1。下面以个人店铺为例讲解淘宝店铺的开通流程。

1. 注册淘宝账户

如果是淘宝网的新用户，首先要进行会员注册（如果作为买方已注册了淘宝会员，作为卖方可以用同一个会员账号直接登录）。

第一步：在淘宝网首页单击"免费注册"按钮。

第二步：进行手机号验证，填写相关个人资料，单击"同意协议并确定"按钮，这样淘宝账户就注册成功了。

2．开通淘宝店铺

第一步：打开淘宝网首页并登录，单击淘宝网首页的"免费开店"按钮。

第二步：单击"个人商家"下方的"去开店"按钮，准备好所需材料（开店人身份证、需要店铺负责人本人进行扫脸认证），单击"开始开店"按钮，如图 2-1、图 2-2 所示。

图 2-1　单击"去开店"按钮[①]

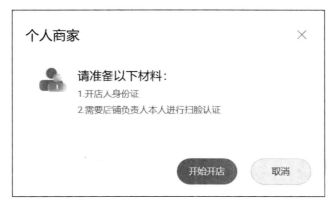

图 2-2　单击"开始开店"按钮

第三步：填写店铺名称后阅读并同意相关条款，然后单击"0 元开店"按钮，如图 2-3 所示。

———————————

① 图 2-1 中"法人"指"法定代表人"　特此说明。

图 2-3 单击"0 元开店"按钮

第四步：完成支付宝认证并完善认证信息，然后进行实人认证，如图 2-4 所示；打开手机淘宝，扫描二维码，完成扫脸认证。

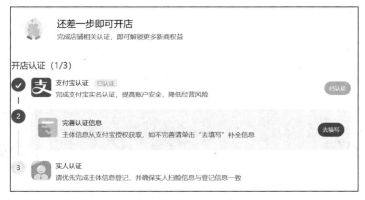

图 2-4 实人认证

第五步：在手机端完成认证，PC 端显示开店成功，如图 2-5 所示。

图 2-5 开店成功

2.1.2　店铺的基本设置

对淘宝店铺来说，店铺基本设置是非常重要的。因此，商家要了解店铺基本设置的操作步骤。

第一步：登录淘宝网后，单击"卖家中心"按钮，然后单击"免费开店"按钮；打开"千牛商家工作台"页面，选择页面左侧"店铺"栏中"店铺管理"下的"店铺信息"选项，单击"修改信息"按钮，如图2-6所示。

图2-6　单击"修改信息"按钮[①]

第二步：在"店铺名称"文本框中输入店铺名称，进行店铺标志上传，设置"联系地址"，如图2-7所示。

图2-7　输入店铺信息

第三步：设置域名。所谓域名，是指网站的地址，如果商家没有设置过域名，淘宝网就会给店铺自动分配一个域名，这样的域名在字面上没有任何意义，客户不容易记住，所以一

---

① 图中双11未加引号，与正文不一致，图片为页面截图，为展现页面真实情况，不做修改，特此说明，余同。

般商家都会自己设置域名。单击"店铺信息"中的"域名设置"按钮；填写"店铺域名"，阅读并同意淘宝网子域名自助注册及使用规则，然后单击"保存"按钮，如图 2-8 所示。

图 2-8　设置域名

2.2　上传和发布商品

商品的发布按照系统提示的步骤操作即可完成。商品标题的设置、主图的优化及详情的描述非常重要，会直接影响商品的曝光率及点击率。

2.2.1　商品发布的流程

开通网店后，就可以发布商品了。在发布商品前，需要准备好商品的实物图片和信息资料。

第一步：登录淘宝网后，打开"千牛商家工作台"页面。选择左侧"商品"栏中"商品管理"下的"我的宝贝"选项，然后单击"发布新商品"按钮，如图 2-9 所示。

图 2-9　单击"发布新商品"按钮

第二步：确认商品类目，然后单击"下一步，发布商品"按钮，如图 2-10 所示。

图 2-10 单击"下一步，发布商品"按钮

第三步：在"基础信息"选项卡中，设置"宝贝类型""宝贝标题""导购标题""类目属性"等信息，如图 2-11 所示。

图 2-11 完善基础信息

第四步：在"销售信息"选项卡中，设置"颜色分类""发货时效""一口价"等信息，如图 2-12 所示。

图 2-12 完善销售信息

第五步：在"物流服务"选项卡中，设置"提取方式"并选择对应的运费模板；在"支付信息"选项卡中，设置"库存扣减方式"，如图 2-13 所示。

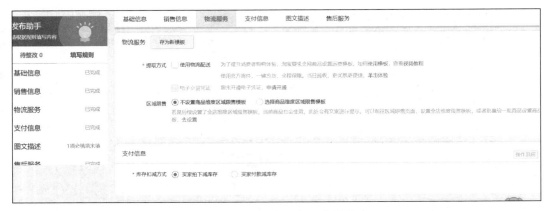

图 2-13　完善物流服务和支付信息

第六步：在"售后服务"选项卡中，设置售后服务类型和"上架时间"等信息，如图 2-14 所示。

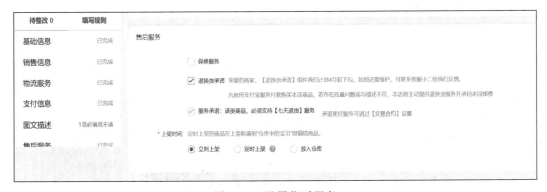

图 2-14　设置售后服务

第七步：单击"提交宝贝信息"按钮，商品发布成功。单击"查看该宝贝"按钮，就可以看到发布成功后的商品的具体信息，如图 2-15 所示。

图 2-15　发布成功后的商品的具体信息

2.2.2　淘宝助理的使用步骤

淘宝助理是一款功能强大的客户端工具软件。用淘宝助理上传商品的操作很简单，卖家创建编辑完商品后，可以将它们一次性全部上传到淘宝网上。利用淘宝助理上传商品，具体操作步骤如下。

第一步：在桌面上找到已经安装好的淘宝助理，双击启动淘宝助理，输入会员名和密码，如图 2-16 所示。

第二步：单击"登录"按钮，登录淘宝助理，单击导航菜单中的"宝贝管理"按钮，如图 2-17 所示。

图 2-16　输入会员名和密码

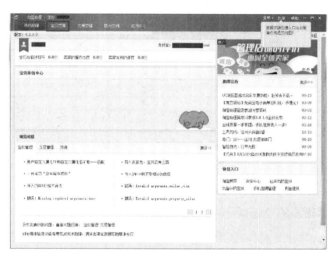

图 2-17　单击"宝贝管理"按钮

第三步：在"宝贝管理"选项卡中，单击"创建宝贝"下的"新建空白宝贝"按钮，如图 2-18 所示。

图 2-18　单击"新建空白宝贝"按钮

第四步：打开"创建宝贝"页面，填写基本信息，单击"宝贝分类"后面的"选分类"按钮，如图 2-19 所示。

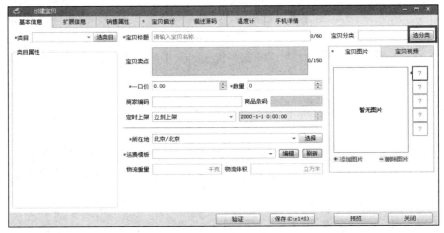

图 2-19　填写基本信息并单击"选分类"按钮

第五步：打开"选择类目"对话框，选择合适的类目，如图 2-20 所示。

第六步：单击"确定"按钮，添加类目，设置类目属性；单击"宝贝图片"选项卡中的"添加图片"按钮，如图 2-21 所示。

图 2-20　选择类目

图 2-21　设置类目属性并添加图片

第七步：打开"选择图片"对话框，单击"选择要上传的图片"按钮，如图 2-22 所示。

图 2-22　单击"选择要上传的图片"按钮

第八步：在本地文件夹中选择图片文件，单击"打开"按钮，即可完成商品上传并能进行其他的相关设置。

2.3　网店的日常管理

商品发布后，网店即进入运营状态。网店的日常管理包括商品交易管理和订单管理。

2.3.1　商品交易管理

商品交易管理主要包括上架宝贝、下架出售中的宝贝、修改出售中的宝贝信息、删除仓库中的宝贝、价格修改、物流查询6个方面。

1.　上架宝贝

商家在上架宝贝时可以选择立即上架，也可以选择将宝贝存放在仓库中。在仓库中的宝贝，商家只有将其上架，消费者才可以看到。

打开"千牛商家工作台"页面，在"商品"栏中的"商品管理"下，选择"我的宝贝"选项，切换到"仓库中的宝贝"选项卡，就会出现宝贝列表。接下来商家只需要选中一个宝贝，单击"更多"按钮，选择"立即上架"选项，即可上架该宝贝，如图2-23所示。商家也可以选择定时上架该宝贝。选择"定时上架"选项，设定上架的日期及时间，设定完成后，单击"上架"按钮，如图2-24所示；设置完成后，宝贝将会暂时存放在仓库中，等上架时间到了，宝贝就会自动上架。

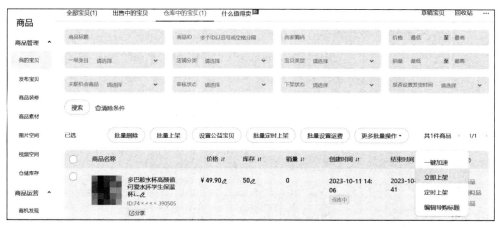

图 2-23　上架宝贝

如果要同时上架多个宝贝，那么商家只需单击宝贝列表上方的"批量上架"按钮。

2.　下架出售中的宝贝

出于某种原因，如换季、没库存等，商家需要将出售中的宝贝下架。切换到"出售中的宝贝"选项卡，会出现宝贝列表。接下来商家只需要选中一个宝贝，单击"更多"按钮，选择"立即下架"选项，即可下架该宝贝，如图2-25所示。

图 2-24　设置定时上架

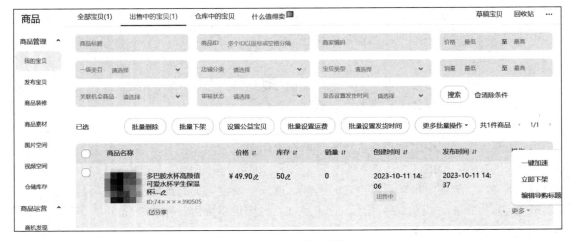

图 2-25　下架出售中的宝贝

3. 修改出售中的宝贝信息

在"出售中的宝贝"选项卡中，商家可以直接修改商品名称、价格和库存，如图 2-26 所示。如果想修改宝贝的其他信息，可以单击"编辑商品"。在跳转到的页面中，商家可以对宝贝的相关信息进行修改，如图 2-27 所示。

图 2-26　修改出售中的宝贝信息（1）

图 2-27 修改出售中的宝贝信息（2）

4. 删除仓库中的宝贝

对某些不再销售的宝贝，商家可将其删除。切换到"出售中的宝贝"选项卡，在宝贝列表中选中要删除的宝贝，单击"删除商品"，即可删除该宝贝，如图 2-28 所示。

图 2-28 删除仓库中的宝贝

如果要同时删除多个宝贝，那么商家只需单击宝贝列表上方的"批量删除"按钮。

5. 价格修改

第一步：打开"千牛商家工作台"页面，在"交易"栏中的"订单管理"下，选择"已卖出的宝贝"选项，即可看到当前店铺中的所有订单。当订单尚未付款时，单击其右侧的"修改价格"，即可对价格进行修改，如图 2-29 所示。

图 2-29 修改价格

第二步：修改折扣。在"修改价格"页面中的"涨价或折扣"栏中输入给予的折扣，如想打 8 折，可在"折"前输入"8"，单击"确认提交"按钮，如图 2-30 所示。

图 2-30　修改折扣

也可以直接降价，在"涨价或折扣"栏中输入优惠金额，如优惠 10 元，可以输入"10"，如图 2-31 所示。

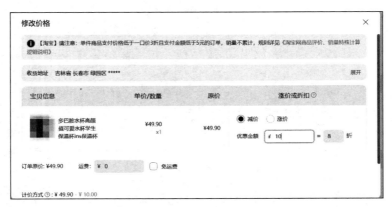

图 2-31　直接降价

第三步：修改运费。如买家在店铺中购买了多个不同的商品，一般会要求卖家修改运费，此时卖家可以在"运费"文本框中输入运费的金额。如需设置为免运费，选中后方"免运费"复选框，单击"确认提交"按钮，如图 2-32 所示。

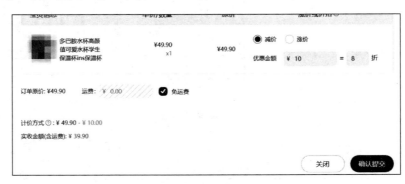

图 2-32　修改运费

当订单已付款时，单击其右侧的"发货"按钮，如图 2-33 所示。

图 2-33　单击"发货"按钮

打开"发货"页面，选择发货方式，单击"确认并发货"按钮即可完成发货，如图 2-34 所示。

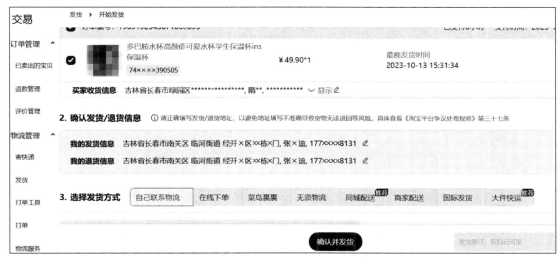

图 2-34　完成发货

6. 物流查询

打开"千牛商家工作台"页面，在"交易"栏中的"订单管理"下，选择"已卖出的宝贝"选项，即可看到当前店铺中的所有订单。当订单已发货时，单击其右侧的"查看物流"按钮，即可查询物流动态。

2.3.2　订单管理

订单管理是客户关系管理的延伸，能有效地把个性化、差异化的服务融入客户管理，推动网店经济效益和客户满意度的提升。

1. 查看订单详情

买家下单后，卖家就可以在淘宝后台看到订单详情。打开"千牛商家工作台"页面，在"交易"栏中的"订单管理"下，选择"已卖出的宝贝"选项，就可以看到已卖出的宝贝，单击"详情"按钮，可以看到交易信息、买家信息、物流信息等订单信息，如图 2-35 所示。

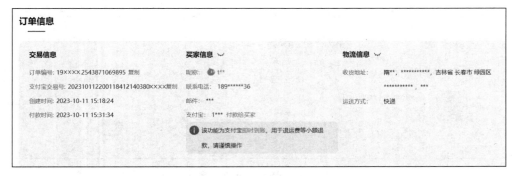

图 2-35　订单信息

2. 添加标记

卖家可以给订单添加不同的标记，用来区分不同类型的订单。

第一步：打开"千牛商家工作台"页面，在"交易"栏中的"订单管理"下，选择"已卖出的宝贝"选项，单击需要添加标记的订单右上角的小旗子形状的按钮，如图 2-36 所示。

图 2-36　单击小旗子形状的按钮

第二步：打开"主订单备忘"对话框，选择标记符号，输入标记信息，单击"确定"按钮，如图 2-37 所示。

图 2-37　设置标记信息

第三步：返回"已卖出的宝贝"页面，将鼠标指针移动到标记上，就可以看到刚刚标记的信息。

如果需要标记的订单比较多，可以使用批量标记功能：选中需要标记的订单，单击"批量标记"按钮，就可以对选中的多个订单进行标记。

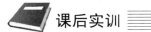 课后实训

店铺定位及开设

实训目标为确定所要经营的商品，以及店铺的整体设计风格。用准备好的申请材料依照淘宝开店步骤开设店铺。请完成实训完成情况评价，如表 2-1 所示。

表 2-1 实训完成情况评价

项目	A 级	B 级	C 级	个人评价	同学评价	教师评价
进货渠道调查	调查数据完整、精确	调查数据较完整	调查数据不完整			
行业市场调查	调查数据完整、精确	调查数据较完整	调查数据不完整			
商品市场调查	调查数据完整、精确	调查数据较完整	调查数据不完整			
消费群体调查	调查数据完整、精确	调查数据较完整	调查数据不完整			
线上同类商品销售情况调查	调查数据完整、精确	调查数据较完整	调查数据不完整			
供应商调查	调查数据完整、精确	调查数据较完整	调查数据不完整			
学生互评评语						
教师总结评语						
组内总结						

复习思考题

一、填空题

1．店铺简介会在店铺索引中出现，一般分为 3 部分：掌柜签名、_____、主营宝贝。

2．在店铺的基础设置中，对主要货源可以选择来自线下批发市场、实体店拿货、_____、分销/代销、自己生产、代工生产、自由公司渠道。

3．一个身份证只能创建_____个淘宝店铺。

4．企业店铺在账号数量上更有优势，企业店铺在个人店铺的基础上再增加_____。

二、判断题

1．淘宝平台要求卖家填写真实的地址，因为后期有可能会涉及退换货服务，如果地址不正确，有可能会收不到退回的快递。（　　　）

2．个人店铺相同的账号若在1688网站有过经营行为，则无法创建淘宝店铺，可更换账号开店。（　　　）

3．企业店铺在橱窗推荐位上，企业店铺比个人店铺多了8个橱窗位的额外奖励。（　　　）

4．企业店铺是指通过支付宝商家认证，并以工商营业执照开设的店铺。申请认证分为以法人名义和以代理人名义两类。（　　　）

三、简答题

1．简述在设置店铺名称时要遵循的规则。

2．简述淘宝助理的使用步骤。

第3章　网店商品图片拍摄与处理

章首导学

学习目标

1	知识目标	❖ 了解拍摄器材 ❖ 了解构图的基本方法
2	技能目标	❖ 掌握调整图片大小的方法 ❖ 掌握裁剪、旋转图片的方法 ❖ 掌握调整图片的亮度的方法 ❖ 掌握调整图片的颜色的方法 ❖ 掌握抠图的方法
3	素养目标	❖ 树立规则意识，遵守电商平台相关规则和电商行业职业道德

3.1　网店商品图片的拍摄

　　商品图片的拍摄与处理是商品发布、网店装修和营销推广的基础。消费者认识网店商品的直接途径就是网店的图文、视频。有视觉冲击力的高品质图片往往能大大提升消费者的购买欲望。相反，质量差的图片会使商品或网店给消费者留下负面印象。因此，图片拍摄是网店运营中的重要环节。

3.1.1　拍摄器材

　　网店商品拍摄是商业摄影的一种，属于光影技术的应用。常用的拍摄器材及设施包括数码相机、摄影灯、三脚架及摄影棚等。

1. 数码相机

　　数码相机是常用的拍摄工具，单反数码相机由于在图像传感器、可更换镜头、响应速度、手控功能、附件等方面具有很大的优势，因此成为网店商品拍摄的常用工具。

 课堂小贴士 3-1

数码相机的选择

适合网店商品拍摄的数码相机和平时拍摄照片的数码相机稍有不同，在功能方面有着更高的要求，但这并不意味着必须要选用高级的数码相机，只需要选择合适的数码相机即可。以下几个方面可以作为选择参考。

（1）数码相机的图像传感器至少为1500万像素。

（2）选用光学变焦感应的数码相机，避免选用数码变焦的数码相机。

（3）数码相机镜头应可更换，以适应不同类型商品的拍摄。若只拍摄单一类型的商品，则不必考虑更换镜头。

（4）数码相机应具备手动对焦功能，以便准确曝光和对焦。

（5）数码相机应有闪光灯热靴。有闪光灯热靴才可以安装引闪器，从而实现离机引闪。

（6）数码相机应有快门线接口。使用快门线可有效防止数码相机振动，避免数码相机振动导致的画质降低。

（7）数码相机应支持RAW格式的图片输出。绝大部分商品图片需要通过后期调整，而RAW格式的图片宽容度高，非常适合进行后期处理。

对网店商品拍摄来说，对数码相机的要求并不高。只要具备上述条件就可以拍摄出出色的商品图片。高速连拍、防抖、大光圈这些会增加很多成本的功能对拍摄商品的作用有限，可以不考虑。

2. 摄影灯

光线对摄影来讲至关重要，用好光线是摄影的精髓。摄影灯是商品室内拍摄的常用辅助器材，按功能可分为主灯、辅助灯；按位置可分为前照灯、顶灯、侧照灯、背景灯。

3. 三脚架

三脚架的主要作用是稳定数码相机。拍摄网店商品时，一般一次要拍摄多件商品，需要经常调整数码相机参数和拍摄角度，使用三脚架可以提高扫摄的稳定性和效率。

4. 摄影棚

摄影棚是用于拍摄摄影作品的特殊构筑物。网店摄影棚一般设置电动卷轴、背景布或背景墙、摄影台、柔光箱、四叶遮光板、反光伞、柔光伞、反光板等辅助器材。

 课堂小贴士 3-2

摄影棚的搭建

要拍摄出好的图片，除了准备数码相机、摄影灯和三脚架等设备，还需要构建一个合理的摄影棚。在摄影棚中，光源的操控、背景的设计及道具的运用等都比较方便，拍摄时十分重要的采光也能在摄影棚内根据需要进行控制。图 3-1 所示为简易的摄影棚。

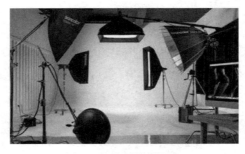

图 3-1　简易的摄影棚

3.1.2　拍摄前的准备工作

做拍摄前的准备工作时应该注意以下 6 方面的内容。

1．了解拍摄对象

在准备拍摄一个商品之前，首先要做的是对商品进行 360°的观察，找到这件商品最美的地方，必要时还需要了解商品的制作工艺及相关文化背景。当我们把商品最美的一面展示出来时，拍摄就已经成功了一半。例如，通过柔光表现水果的光泽，如图 3-2 所示。

图 3-2　通过柔光表现水果的光泽

2．确定适合商品的表现方式

在拿到一件商品后，需要根据商品的外形特点及图片功能来确定合适的表现方式。表现方式主要从数量、摆放方式、图片功能 3 个方面进行考虑。

（1）数量

首先需要确定画面中需要表现的商品数量。有些商品是以套装的形式进行展示的，比如常见的化妆品套装、洗护用品套装。拍摄此类商品时需要将多个商品放在画面内进行表现，构图时需要考虑商品的合理分布，如图 3-3 所示。有些商品是独立的，比如数码和杯子类商品，此类商品更适合单个展示，如图 3-4 所示。

图 3-3　成套商品展示

图 3-4　单个商品展示

（2）摆放方式

摆放方式分为直摆、平铺和悬挂。大多数商品的拍摄都采用直摆，此种摆放方式更容易固定商品，拍摄机位及光位的选择也更多，如图 3-5 所示。平铺多用于服装拍摄，以此充分表现其款式及颜色，如图 3-6 所示。悬挂通常用于拍摄项链、耳坠等饰品，可以展示佩戴的效果，如图 3-7 所示。

　　　　　　　　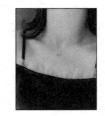

图 3-5　直摆表现咖啡杯　　　图 3-6　平铺表现服装　　　图 3-7　悬挂表现项链

（3）图片功能

根据图片功能的不同来决定是拍摄商品的整体、局部还是细节。一般来讲，在全面表现一件商品时，商品的整体、局部、细节均需要有图片来进行展示。整体图片用于表现商品的外观、颜色，在网店中作为主图出现，是最重要的商品图，如图 3-8 所示；局部图片用于表现商品在设计或功能上的特点；细节图片用于表现商品的材料质感或精细做工，如图 3-9 所示。

图 3-8　西装的整体展示　　　　　　图 3-9　西装的细节展示

3. 选择合适的影调

摄影中有 5 种影调，分别为高调、中高调、中调、中低调、低调。在拍摄商品前要根据商品的特性确定合适的影调。例如，高跟鞋适合用高调去表现其高雅、简洁，如图 3-10 所示；毛巾、床上用品适合用中高调去表现其干净、舒适；一些珠宝适合用中低调去表现其色彩及质感；牛仔帽适合用低调表现其神秘感，如图 3-11 所示。

图 3-10　用高调展示高跟鞋的高雅、简洁　　　图 3-11　用低调展示牛仔帽的神秘感

4. 布景

布景分为两种情况：一种是仅考虑照片的背景，另一种是布置一个场景。如果是单纯地展示商品材质、形状、颜色、质感，那么只需要考虑用何种背景。可以购买单色背景纸或渐变背景纸，白色背景商品图、黑色背景商品图分别如图 3-12、图 3-13 所示；也可以通过灯光的布置打造富有变化的背景，如图 3-14 所示。

图 3-12　白色背景商品图　　　图 3-13　黑色背景商品图　　　图 3-14　背景富有变化的商品图

布景是为了拍出有趣的照片，照片中的每样东西都是可以烘托氛围的道具，通过陪体的衬托营造出符合商品特质的某种气氛。

布景时忌讳的是陪体的加入导致主体不够突出，所以一定要确定每一个陪体都可以突出主体，否则就不要添加。礼物场景的布置、玩偶场景的布置分别如图 3-15、图 3-16 所示。

5. 布光

摄影是光的艺术，对光线的处理和运用是创作的重要环节，尤其是在商品拍摄中。在商品拍摄作品中，商品及模特等强烈的视觉形象都是通过拍摄中对光的艺术处理形成的。商品拍摄必须严格地针对不同的创意内容来设计光位、光的强弱、光的面积及光源的远近高低等。这些都是相当重要的技术环节，是商品摄影师必须严格把控的。照明灯逆光效果如图 3-17 所示。

图 3-15　礼物场景的布置　　　图 3-16　玩偶场景的布置　　　图 3-17　照明灯逆光效果

在了解了开拍前需要准备的内容后，还需要对数码相机、灯光进行一定的了解，合理利用器材去实现拍摄的想法。关于器材的使用会在之后的章节中进行介绍。

6. 准备道具

在拍摄过程中，需要用到背景布、衬托物和辅助拍摄的道具，要提前做好准备。用来给实物做大小参照的材料物可以是手机、杂志等人们熟悉的物品；白纸、铝箔纸等可用来做辅助拍摄的反光板；一根曲别针、一朵花甚至一台跑车等都可以用来做道具。总之，使用道具是为了辅助拍摄，衬托商品。

3.1.3　商品拍摄的构图

构图一词的英文是 Composition，是造型艺术中的术语。构图是艺术家为了表现作品的主题思想和美感效果，在一定的空间内，安排和处理人、景、物的关系和位置，把个别或局部的形象组成艺术的整体的过程。构图是把人、景、物安排在画面当中以获得最佳布局的方法，是把各部分形象结合起来的方法，是揭示形象的手段的总和。

1. 构图的基本方法

构图的基本方法有以下 8 种。

（1）中心构图法

中心构图法是指在画面的中心位置安排主元素。这样的构图能给人稳定、庄重的感觉，较适合表现对称式内容，可产生中心透视效果。不过这种构图容易使画面显得呆板，所以需要注意一些细节上的设计，使画面有所变化。图 3-18 所示为中心构图法示例，主题文字在画面中间，主体商品也在画面中间，可以让消费者的视觉重心落在画面中间，整体设计稳定而又不平淡。

图 3-18　中心构图法示例

（2）九宫格构图法

九宫格构图法是用类似"井"字的 4 条线把画面平分成 9 块，在 4 个交点中，选择 1 个点或 2 个点作为画面的主体商品的位置，同时在其他点还应适当考虑平衡、对比等因素。这种构图能呈现变化与动感，使画面富有活力。图 3-19 所示为九宫格构图法示例，主体商品和文字基本处于交点位置，信息一目了然，符合消费者浏览习惯。

图 3-19　九宫格构图法示例

（3）对角线构图法

对角线构图法是主体本身位于画面对角线上，能使画面产生较强的动势。这种构图法与中心构图法相比，具有打破平衡、活泼生动的特点。图 3-20 所示为对角线构图法示例，在画面中鞋子摆放在对角线上，有一种向前的动势，给人强烈的视觉动感，有利于加深消费者的记忆。

图 3-20　对角线构图法示例

（4）三角形构图法

三角形构图法是在设计中以 3 个视觉中心为元素的主要位置，元素形成或近似形成一个三角形。三角形构图具有安定、均衡且又不失灵活的特点。这种三角形可以是正三角形，也可以是斜三角形，其中斜三角形较为常用，也较为灵活。图 3-21 所示为三角形构图法示例，建筑近似形成了一个三角形，画面相对平衡。

图 3-21　三角形构图法示例

（5）黄金分割构图法

黄金分割构图法又称黄金律构图法，即将整体画面一分为二，其中较大部分面积与较小部分面积之比约等于整体面积与较大部分面积之比，其比为 1∶0.618。0.618 被公认为最具有审美意义的比例数字。黄金分割具有比例性、艺术性、和谐性，蕴藏着丰富的美学价值。遵循这一规则的构图形式具有和谐之美，对设计师而言，黄金分割是在构图创作中必须深入领会的一种规则。图 3-22 所示为黄金分割构图法示例。

图 3-22　黄金分割构图法示例

（6）三分线构图法

三分线构图法实际上是黄金分割构图法的简化版，是指从横或竖向三等分画面，当被拍摄主体以线条的形式出现时，可将其置于画面任意一条三分线的位置。这种构图方式能够在视觉上带给人愉悦和生动的感受，避免主体居中而产生的呆板感。三分线构图法示例如图 3-23 所示。

（7）对称式构图法

对称式构图法是为了突出主体，在拍摄时将主体放在画面的中间，左右基本对称的构图方法，也称均分构图法。以这种构图法呈现的画面会给人一种协调、平静和秩序感。对称式构图法示例如图 3-24 所示。

图 3-23　三分线构图法示例　　　　　　图 3-24　对称式构图法示例

（8）S 形曲线构图法

S 形曲线构图法是指通过拍摄的角度或通过商品的摆放方式使商品在画面中呈现 S 形曲线的构图方式。由于画面中存在 S 形曲线，因此其所形成的线条变化，能够使得商品展现柔美之姿。S 形曲线构图法示例如图 3-25 所示。

图 3-25　S 形曲线构图法示例

2. 拍摄的基本技巧

（1）主体突出

拍摄任何画面都要保证画面主体的突出。网店销售主要通过图片来展现商品，因此更要突出商品主体。图片通常只需要一个主体，而且要尽可能大，背景要尽量简单，别拼凑两张或更多的小图，否则在缩略图中什么也看不清楚。如果需要更多的图片，请将其放到商品描述中。

具体来说，比较常见的突出主体的方法有突出前景、弱化背景，每次只拍摄一个主体，切忌喧宾夺主。拍摄商品有时要加入一些小装饰物，切忌装饰物过大，抢了主体的位置。如用干净的背景突出运动鞋，如图 3-26 所示。

（2）注重体现商标

在购买任何商品之前，可能每个人都会留意此种商品的品牌，而最简单、最直观的方式就是观察商品的商标。任意一件商品，大到汽车，小到纽扣，都有着独特的商标，因此在拍摄网店商品的时候，对商标的表现也十分重要，它能使每个观看商品图片的人直观地看出商品的品牌。

在拍摄网店商品时，表现商标的方式很多。不同商品的商标可能会在商品不同的位置，拍摄时可以将商标安排在画面某个特定的位置上，也可以对商标进行特写。

对于一些固定外形的网店商品，表现其商标比较简单。例如，在拍摄袋装咖啡时，可以直接将其有商标的一面正对相机，这样能使人们直观地看出商品的品牌特征，如图 3-27 所示。在拍摄类似的有固定外形的商品时，都可以用这样的方式来进行拍摄。

图 3-26　用干净的背景突出运动鞋

图 3-27　袋装咖啡商标表现

在拍摄没有固定外形的网店商品的时候，其商标可以采取特写、虚实结合等方式来表现。例如，在拍摄服装类的商品时，可以将商标安排在画面特定的位置上，也可以采用特写的方式来表现，还可以利用小景深来突出商品的商标。

（3）利用构图表现商品的局部细节

有些商品通过局部的拍摄能将其材质的质感表现出来。如果商品尺寸较大，比如拖把、字画等，也可以拍摄商品的局部细节，即所谓的"窥一斑而知全豹"。细节的精致表现，对商品整体效果的突出也有积极的作用。

构图是摄影的第一步，它关系到如何拍摄对象。并不是将见到的所有视觉元素都纳入镜头中就可以得到一张好的照片，在很多商品的拍摄中，局部的细节能使画面更具有视觉的冲击力，也能抓住商品的特征并传达出更多的信息。在日常生活中，尽管我们并不经常观看事物的局部，但其经常能从视觉上给我们带来更多的新鲜感。因此，突出商品的局部是一种巧妙的构图技巧，如图 3-28 所示。

图 3-28　表现服装局部

（4）利用道具修饰画面

"道具"一词我们经常在电影、电视上看到，好的道具可以使电影、电视的效果更加精彩。其实，在摄影中也会用到不同的道具，只不过摄影道具一般都比较简单，不一定在每次拍摄的时候都会用到。在特殊的情况下，使用恰当的道具，可以起到画龙点睛的作用。

和背景一样，道具没有色彩、材质、大小的限制，可以是沙子、包装盒、树叶、小花朵、报纸、杂志等，只要能够想得到，并且适合就行。例如，图 3-29 是以人物为背景表现杯子。

（5）通过布景营造气氛

布景非常重要，布景中的每样东西都是可以烘托氛围的道具。例如，为了表现一款香水，挑选了牛仔帽作为背景，如图 3-30 所示。

图 3-29　以人物为背景表现杯子　　　　图 3-30　通过牛仔帽表现香水

3.2　网店商品图片的处理

通过相机拍摄的图片往往不能直接使用，需要对其大小和颜色等进行调整，甚至可以通过抠图操作更换背景。

3.2.1　调整图片大小

拍摄商品时，图像的大小可以直接在数码相机上设定，以 1500 万像素的数码相机来说，图片最小可能也有 200 万、300 万像素，这对淘宝网店来说太大了。

一般在 800 像素×600 像素的显示器分辨率下，图片只能显示到 500 像素左右的宽度；在 1024 像素×768 像素及以上的显示器分辨率下，图片可以显示到 900 像素左右的宽度。但为了能让大多数买家看到完整的图片，并且还要考虑到商品描述模板所占用的页面宽度，商品图片的宽度应在 500 像素~700 像素，要避免图片过小，买家看不清楚或者图片过大，买家看不到完整的商品图片从而造成交易失败。

为了方便日后图片应用在不同的场合，建议在拍摄时先将数码相机像素设定为最高。这样后续软件处理或输出的图片会有较佳的质量，当要上传到淘宝网店时，再进行压缩即可。下面介绍使用 Photoshop 调整素材文件 "3.1.jpg"[①]图片大小的步骤。

---

① 本书素材文件请到人邮教育社区平台获取。

第一步：打开 Photoshop，选择"文件"菜单中的"打开"选项，选择要处理的商品图片，如图 3-31 所示。

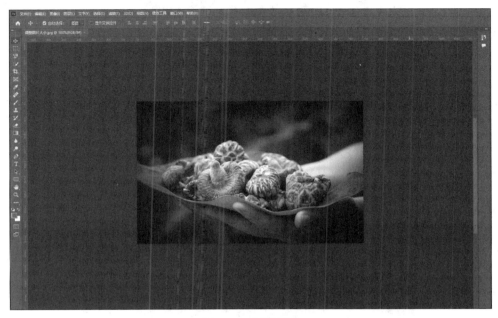

图 3-31　打开图片

第二步：选择"图像"菜单中的"图像大小"选项，如图 3-32 所示。

图 3-32　选择"图像大小"选项

第三步：在进行图片大小调整的时候，必须维持长宽的比例，以免商品变形，因此选中"图像大小"对话框，进行相应设置，单击"确定"按钮，如图 3-33 所示。

图 3-33　设置比例

第四步：假定所需的图片的宽度要控制在 400 像素，从而在"宽度"字段输入"400"；调整完宽度后，高度会随着宽度自行变化，但不管如何变化，这张图片都不会变形，然后单击"确定"按钮，如图 3-34 所示。

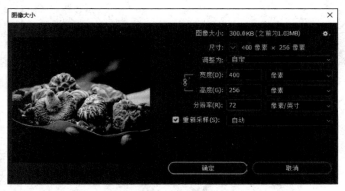

图 3-34　设置参数

第五步：选择"文件"菜单中的"存储为"选项，打开"存储为"对话框，选择好文件夹，并输入新的文件名，单击"保存"按钮，如图 3-35 所示，保存文件。

图 3-35　保存文件

课堂小贴士 3-3

网店常用的图片格式

网店常用的图片格式有 JPG/JPEG、GIF、PNG 等。

JPG/JPEG 是一种较常用的有损压缩图片格式，以 JPG/JPEG 格式存储图片时，软件通常会进一步询问使用哪档图片品质。文件大小取决于图片质量，图片质量越低，文件越小，在具体使用时需要权衡取舍图片的质量与文件大小。

GIF 是一种图片交换格式，可提供玉缩功能，支持透明背景，一般用于动态图片的存储。

PNG 综合了 JPG/JPEG 和 GIF 格式的优点，压缩不失真，并支持透明背景和渐显（半透明）图片的制作。

3.2.2 裁剪图片

可以使用裁剪商品图片的方法去掉图片中的多余部分，从而突出商品的细节。下面介绍使用 Photoshop 裁剪素材文件"3.2.jpg"图片的步骤。

第一步：在 Photoshop 中打开准备裁剪的商品图片，如图 3-36 所示。

图 3-36　打开图片

第二步：在工具箱中选择"裁剪工具"，在图像上单击并拖动以创建裁剪框，如图 3-37 所示。

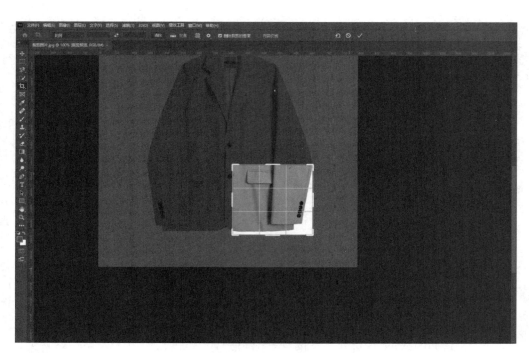

图 3-37　创建裁剪框

第三步：按"Enter"键即可完成裁剪的操作，效果如图 3-38 所示。

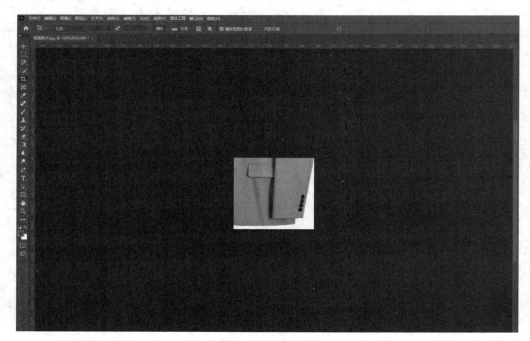

图 3-38　裁剪效果

3.2.3　旋转图片

下面介绍使用 Photoshop 旋转素材文件"3.3.jpg"图片的步骤。

第一步：在 Photoshop 中打开图片，如图 3-39 所示，可以看出图中的物品竖向放置。

图 3-39 打开图片

第二步：选择"图像"菜单中的"图像旋转"选项，然后选择"顺时针 90 度"选项，如图 3-40 所示。

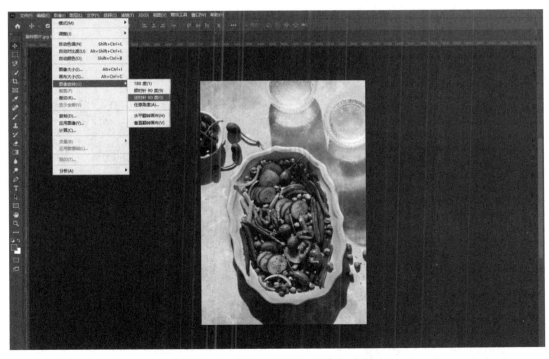

图 3-40 选择"顺时针 90 度"选项

第三步：旋转后的效果如图 3-41 所示。

图 3-41　旋转后的效果

3.2.4　调整图片的亮度

调整图片的亮度可以通过"色阶"和"曲线"命令实现，下面介绍使用 Photoshop 调整素材文件"3.4.jpg"图片亮度的步骤。

1.　使用 Photoshop 中的"色阶"命令调整图片亮度的操作步骤

第一步：在 Photoshop 中打开需要调整的图片，选择"图像"菜单中的"调整"选项，然后选择"色阶"选项，如图 3-42 所示。

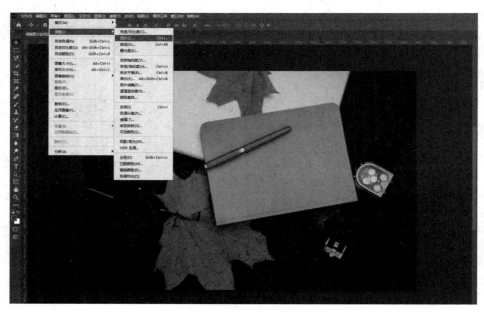

图 3-42　选择"色阶"选项

第二步：打开"色阶"对话框。在对话框中的"输入色阶"下方会有 3 个三角形，左边的三角形代表图中的暗部色调，中间的三角形代表图片的中间色调，而右边的三角形则代表图片的亮部色调，如图 3-43 所示。

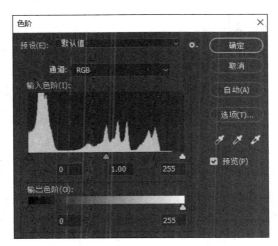

图 3-43 "色阶"对话框

第三步：该图片整体偏暗，需要调亮，因此往左移动"输入色阶"下方右边的三角形，最终效果如图 3-44 所示。

图 3-44 最终效果

2. 使用 Photoshop 中的"曲线"命令调整图片亮度的操作步骤

虽然 Photoshop 提供了很多不同原理的亮度调整工具，但实际上比较基础也比较好掌握的是"曲线"命令。其他命令，比如"亮度/对比度"命令等，都是由此派生出来的。"曲线"命令是 Photoshop 中常用到的调整工具，理解了"曲线"命令的使用就能触类旁通地应用很多其他的亮度调整命令。

第一步：在 Photoshop 中打开需要调整的图片，选择"图像"菜单中的"调整"选项，然后选择"曲线"选项，如图 3-45 所示。

图 3-45　选择"曲线"选项

第二步：打开"曲线"对话框，如图 3-46 所示。

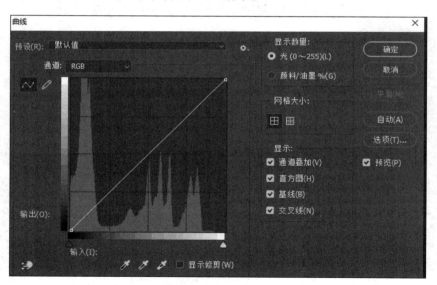

图 3-46　"曲线"对话框

第三步：鼠标指针移动至曲线上，会形成小黑点，移动曲线上的小黑点，图片随着小黑点的移动，亮度和对比度发生变化。小黑点越往上，图片亮度越高，小黑点越往左，图片对比度越低；反之，小黑点往下移动时，亮度变低，小黑点往右移动时，对比度变高。可以根据图片的实际情况来调整亮度，最终效果如图 3-47 所示。

图 3-47 最终效果

3.2.5 调整图片的颜色

在拍摄照片时，如果使用的光源有问题，或色温设定不正确，拍出来的照片色彩就会产生问题。商品图片色彩必须经过适当的调整，让其尽量符合实际的情况，以免造成买卖双方的纠纷。严谨的色彩调整，必须经过非常复杂的调整手续，若网店商品对色彩要求没那么严格，色彩不要偏差太多即可。下面介绍使用 Photoshop 调整素材文件"3.5.jpg"图片颜色的步骤。

第一步：在 Photoshop 口打开要处理的图片，如图 3-48 所示。

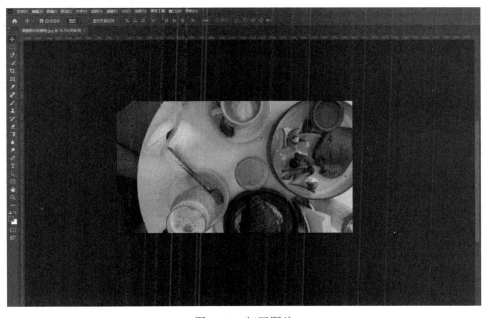

图 3-48 打开图片

第二步：选择"图像"菜单中的"调整"选项，然后选择"色相/饱和度"选项，如图 3-49 所示。

图 3-49　选择"色相/饱和度"选项

第三步：在打开的对话框中设置参数，这里没有具体的值，但可以选中"预览"复选框，然后根据效果来调整颜色，再单击"确定"按钮，如图 3-50 所示。

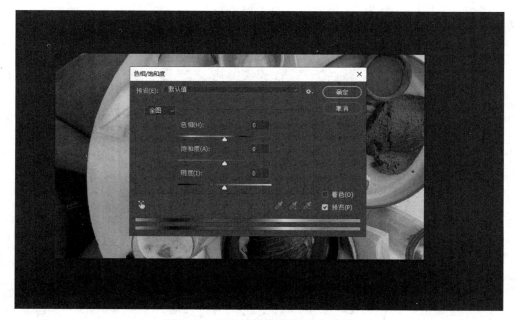

图 3-50　设置"色相/饱和度"参数

第四步：选择"图像"菜单中的"调整"选项，然后选择"色彩平衡"选项；在打开的对话框里，选中"预览"复选框，调整各个颜色的数值，再单击"确定"按钮，如图 3-51 所示。

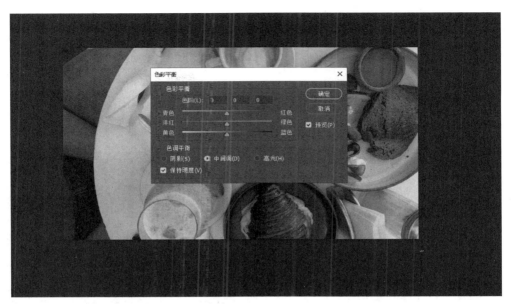

图 3-51 设置"色彩平衡"参数

第五步：如果觉得图片过亮或过暗，可以对图片的亮度进行调节，最终效果如图 3-52 所示。

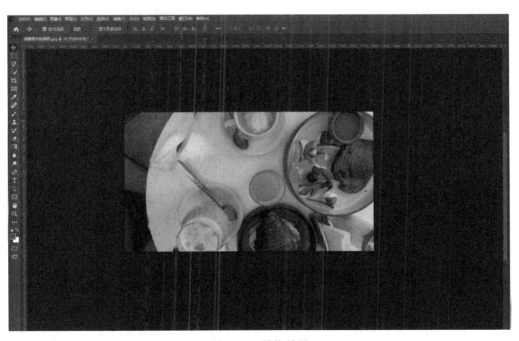

图 3-52 最终效果

3.2.6 抠图

抠图是指在使用 Photoshop 处理商品图片时，在图片中创建选区，把商品从图片中分离出来的一种图片处理方法。使用 Photoshop 抠图有两种常用方法，下面以素材文件"3.6.jpg"、素材文件"3.7.jpg"图片为例分别介绍。

1. 使用 Photoshop 中的魔棒工具抠图

当商品图片中商品的颜色和背景色差异很大时，使用魔棒工具进行抠图，可快速选择图像中颜色相似的区域，从而节省抠图时间。下面介绍使用魔棒工具抠图的操作方法。

第一步：启动 Photoshop，打开商品图片；在工具箱中选择"魔棒工具"，在工具栏中单击"添加到选区"按钮，在"容差"文本框中设置容差值；单击图像的背景区域即可选中背景图像，如图 3-53 所示。

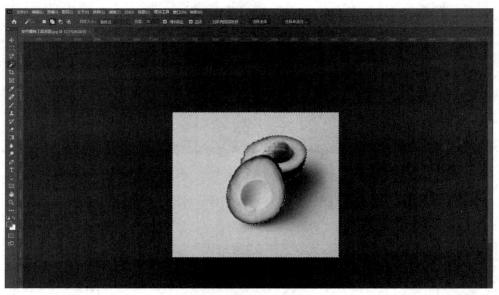

图 3-53　选中背景图像

第二步：按"Ctrl+Shift+I"组合键反选图像之后即可完成使用魔棒工具抠图的操作，如图 3-54 所示。

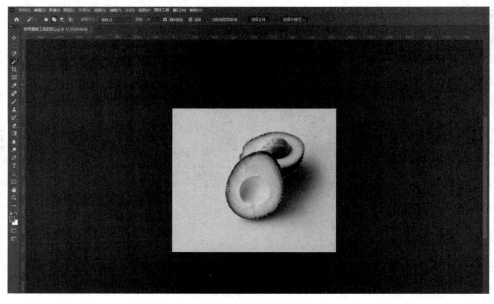

图 3-54　完成抠图

2. 使用 Photoshop 中的套索工具抠图

当图片中商品的边缘较为明显或较为规整时，可以使用多边形套索工具抠图。下面介绍使用多边形套索工具抠图的操作方法。

启动 Photoshop，打开商品图片；在工具箱中选择"多边形套索工具"，从某点开始在商品边缘依次单击，回到起点位置后即可创建封闭选区，如图 3-55 所示，完成抠图。

图 3-55　创建封闭选区

 课后实训

'. 调整水蜜桃图片尺寸

大学毕业后的小张，选择了自三创业。在淘宝上开通了一家水果店铺。小张最终选择了水蜜桃的图片作为店铺展示图，朋友小李看见后，觉得应该调整一下图片的尺寸。请你为小张店铺的展示图（素材文件"3.8.jpg"）调整尺寸。最后调整出来的效果如图 3-56 所示。

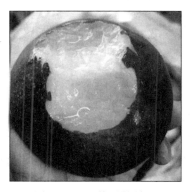

图 3-56　调整后的效果

2．薯片的拍摄

小梁想要在淘宝上开一家名为"好吃不贵"的薯片店，要在淘宝店铺首页放一张薯片的照片作为展示图，但是他不知道怎么拍摄，于是找到了摄影师朋友小刘来帮忙拍摄，小刘按照上传要求和参照图选择了合适的拍摄工具和场地，最后拍出合格的薯片展示图如图 3-57 所示。请你思考小刘选取了哪些拍摄工具，在拍摄中注意了哪些问题，运用了哪些拍摄技巧。

图 3-57　合格的薯片展示图

复习思考题

一、填空题

1．在电商时代，商品图片的拍摄与处理是_____、网店装修和营销推广的基础。

2．三脚架的主要作用是_____。

3．摄影是光的艺术，对光线的_____是创作的重要环节，尤其是在商品拍摄中。

4．构图是_____的重要因素，是作品中全部摄影视觉艺术语言的组织方式。

5．三角形构图法是在设计中以_____为元素的主要位置，元素形成或近似形成一个三角形。

二、判断题

1．在拿到一件商品后，需要根据商品的外形特点及图片功能来确定合适的表现方式。表现方式主要从数量、摆放方式、图片功能 3 个方面进行考虑。(　　)

2．摄影中有 4 种影调，分别为高调、中高调、低调、中低调。(　　)

3．构图的画幅主要分为横画幅和竖画幅两种。(　　)

4．S 形曲线构图法是指通过拍摄的角度或商品的摆放方式使商品在画面中呈现 S 形曲线的构图方式。(　　)

5．一般在 800 像素×600 像素的显示器分辨率下，图片只能显示到 400 像素左右的宽度。(　　)

三、简答题

1．简述网店常用的拍摄器材。

2．简述网店图片拍摄前的准备工作。

3．简述构图的目的。

4．简述构图的基本方法。

5．简述构图的基本技巧。

第4章　网店装修与设计

章首导学

学习目标

1	知识 目标	❖ 了解店招的设计 ❖ 了解海报设计的技巧 ❖ 了解海报设计的要点 ❖ 了解主图尺寸规范与素材选择 ❖ 了解主图的营销体现
2	技能 目标	❖ 掌握店招的布局 ❖ 掌握店招的制作 ❖ 掌握海报设计的表现手法 ❖ 掌握海报的制作 ❖ 掌握主图的制作
3	素养 目标	❖ 培养与提升网店设计意识

4.1　店招的设计与制作

　　店招是店铺首页的第一个板块，是店铺的招牌，是店铺品牌展示的窗口。有特色的店招对店铺形成品牌和展现商品定位具有不可替代的作用。店招的内容一般包括 Logo、店铺名称、店铺性质、店铺理念或促销活动信息等。

　　淘宝网按尺寸大小将店招分为常规店招和通栏店招两类。常规店招尺寸为 950 像素×120 像素，而通栏店招的尺寸多为 1920 像素×150 像素。一般来说，常规店招的使用率相对较低，通栏店招的使用率相对较高。

4.1.1　店招的设计

　　店招的设计主要体现在 Logo、促销商品、收藏和关注、优惠券等能够直接吸引客户的元素上，这些元素的结合使用，可以将营销信息凸显出来，下面分别对这些元素进行介绍。

1．Logo

Logo 的效果直接影响着客户对店铺的印象。Logo 是店铺的形象标志，在店招或商品上添加 Logo 可以加深客户对店铺的印象。Logo 的外观要求简洁鲜明、富有感染力，既要形体简洁、引人注目，还要易于识别、理解和记忆。

2．促销商品

在店招中添加促销商品，不仅能让客户进店第一眼就看到促销信息，引导其查看，还能起到宣传的作用。该方法是店铺营销中常用的方法。

3．收藏和关注

在店招中添加收藏和关注模块，可以引导客户快速收藏和关注店铺，为其后期购买商品做准备。

4．优惠券

在店招中添加优惠券，可以方便客户快速查看优惠信息，并进一步浏览优惠商品，从而促使客户购买。

4.1.2　店招的布局

店招是店铺中曝光量最大的板块之一，如何将店铺的优惠信息、活动内容、促销款式、收藏、关注等内容通过不同的方式展现到店招中，是店招布局中的难点。下面将介绍常见的4 种布局。

1．简洁布局

简洁布局比较强调品牌 Logo 和广告语，部分店铺还在店招中添加了收藏链接等小控件，使店招功能更丰富。简洁布局店招如图 4-1 所示。

图 4-1　简洁布局店招

2．促销活动布局

促销活动布局是在简洁布局的基础上添加促销信息或活动商品信息，让店铺的优惠信息在店招中展示。但是，需要注意不要让店招中的信息过于杂乱，影响店铺的整体美观性。促销活动布局店招如图 4-2 所示。

3．互动布局

互动布局是指店招以互动信息为主，如关注、分享、会员、品牌故事等，有利于提高店铺与客户的互动性，加强客户与店铺的联系。互动布局店招如图 4-3 所示。

图 4-2　促销活动布局店招

图 4-3　互动布局店招

4. 左中右布局

左中右布局指将店招分为 3 个部分，分门别类地对商品和店铺信息进行展示。左中右布局店招如图 4-4 所示。

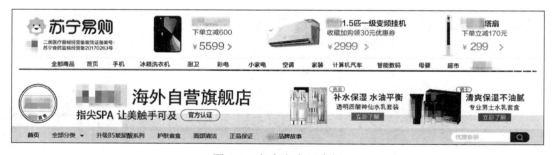

图 4-4　左中右布局店招

4.1.3　店招的制作

通栏店招是淘宝网中运用十分广泛的一种店招。通栏店招不但可以包含常规店招的基本信息，还能置入导航条。下面将制作生鲜店的通栏店招，采用左中右布局。店招左边为店铺 Logo，中间为店铺的名称，右边为互动内容，使店招效果更加美观。下面介绍使用 Photoshop 制作店招的具体步骤。

第一步：打开 Photoshop，新建图片大小为 1920 像素×150 像素，分辨率为 72 像素/英寸（1 英寸=2.54 厘米，余同），名为"店招"的文件；单击"视图"按钮，让图像中显示标尺，拖动绘制出图 4-5 所示的参考线。

第二步：选择"矩形工具"，并设置填充色为黄色，RGB 值为（240，189，11），在底端区域绘制矩形，如图 4-6 所示。

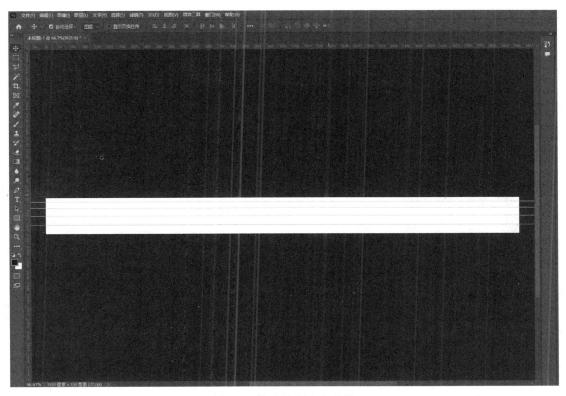

图 4-5　拖动绘制出参考线

图 4-6　绘制矩形

第三步：连按"Ctrl++"组合键，放大视图，选择"椭圆工具"，在工具属性栏选择工具模式为"形状"，绘制"椭圆 1"并取消填充颜色，设置描边为 2 像素，并设置颜色为蓝色，RGB 值为（9，48，241）。绘制形状如图 4-7 所示。

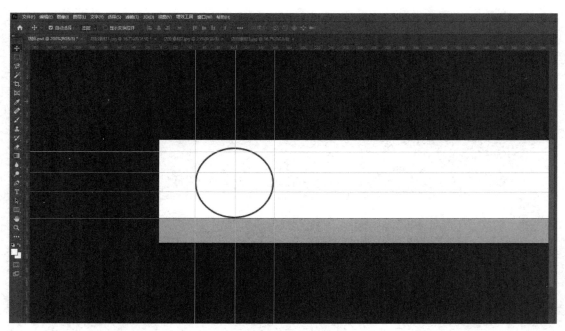

图 4-7 绘制形状

第四步：选择"椭圆 1"，按"Ctrl+J"组合键，复制一个形状图层，选择"编辑"菜单中的"变换"选项，然后选择"缩放"选项，如图 4-8 所示。

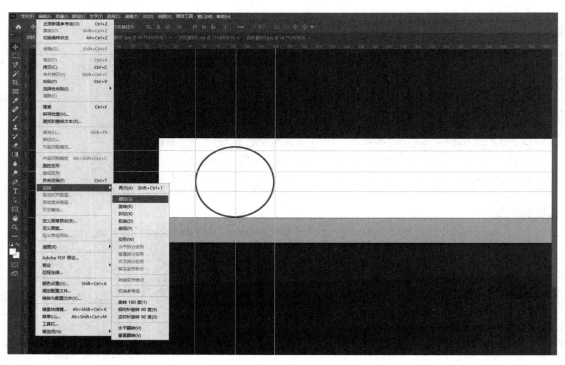

图 4-8 选择"缩放"选项

第五步：设置缩放比例为"80%"，效果如图 4-9 所示。

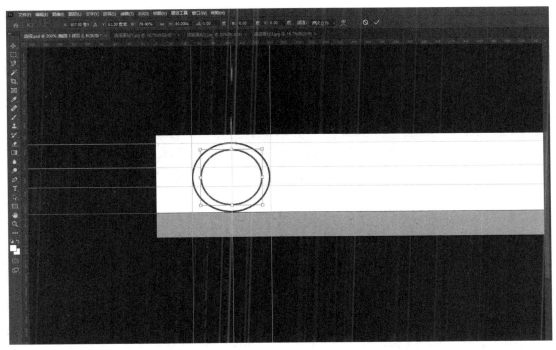

图 4-9　缩放图形

第六步：选择"椭圆 1 拷贝"，右击，在弹出的快捷菜单中选择"栅格化图层"，选择"矩形选框工具"，将"椭圆 1 拷贝"的左右两侧线条删除，效果如图 4-10 所示。

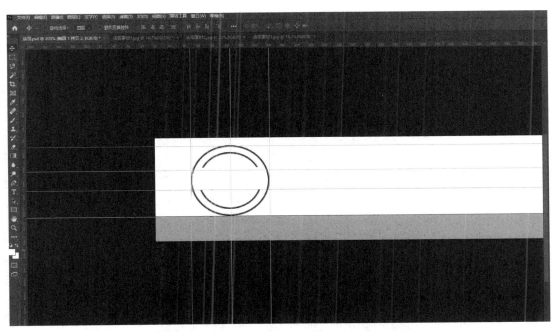

图 4-10　删除"椭圆 1 拷贝"左右两侧线条

第七步：选择"直排文字工具"，在图形缺口处添加"现摘""现发"文字，颜色为黑色，并设置字体为"微软雅黑"；在图形中间位置添加"果丰"文字，设置字体为"方正粗宋_GBK"，字体颜色为绿色，RGB 值为（105，235，10）。调整文字大小和位置等，完成 Logo 制作，效果如图 4-11 所示。

图 4-11　Logo 效果

第八步：选择"横排文字工具"，在 Logo 右侧添加"果丰生鲜旗舰店"文字，颜色为绿色，并设置字体为"方正粗宋_GBK"。调整文字大小和位置等，调整后效果如图 4-12 所示。

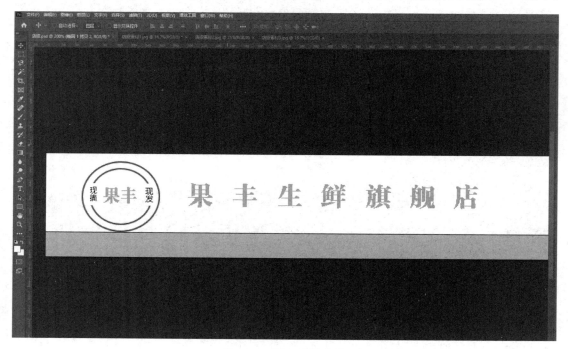

图 4-12　添加店铺名称

第九步：打开素材文件"4.1.jpg"，将素材图片依次拖到店招的右侧，调整大小和位置等，如图 4-13 所示。

图 4-13　添加素材图片

第十步：使用"横排文字工具"和"矩形工具"，分别为右侧素材图片添加文字，效果如图 4-14 所示。

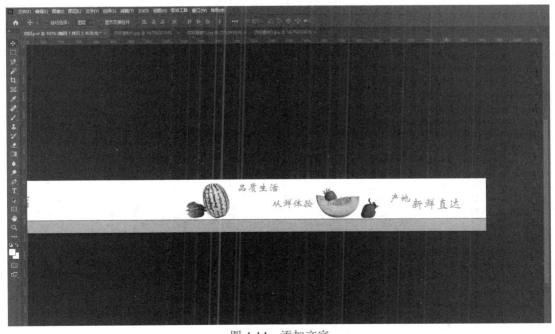

图 4-14　添加文字

第十一步：使用"横排文字工具"和"矩形工具"，在店铺名后添加"关注"元素，效果如图 4-15 所示。

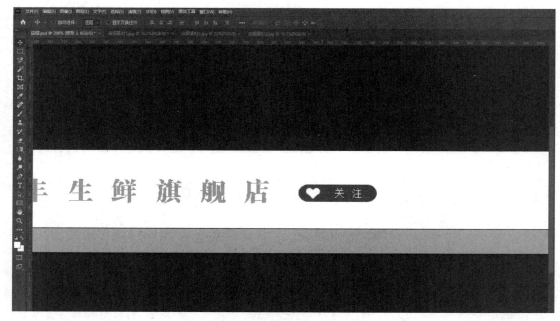

图 4-15 添加"关注"元素

第十二步：使用"横排文字工具"，在底端黄色区域添加导航条文字，效果如图 4-16 所示。

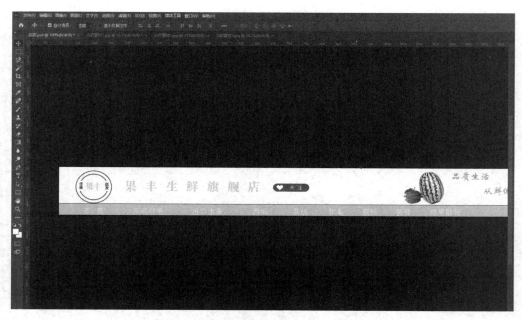

图 4-16 添加导航条文字

第十三步：保存图像并查看完成后的效果，如图 4-17 所示。

图 4-17 完成后的效果

4.2 海报的设计与制作

海报是店铺首页最醒目的区域，位于店招的下方。店招下方可以是一张海报，也可以是轮播的多张海报。海报是网店视觉和营销设计的重点。如果首页海报视觉设计效果好，不但可以大大提升店铺整体的美观度，还可以对店铺中的主推商品起到积极的推广作用。

首页海报不仅能给客户带来视觉上的美好感受，还能使客户在第一时间了解店铺的活动和促销信息。

4.2.1 海报设计的技巧

好的海报布局可以有效提升店铺的整体视觉效果，加深客户对店铺的印象。一般来说，海报设计中常见的技巧有 3 种。

1. 不杂乱，细节做点缀

首页海报中的主体商品不能太多，否则会造成画面杂乱，影响店铺整体的视觉美观度。在细节上，要做到前后呼应，不能为了添加细节而添加细节。图 4-18 所示为常规海报的展示。

图 4-18 常规海报的展示

2. 元素主次分明，排列有序

海报的主题一般在背景、商品和文案中体现，而这些元素往往是杂乱无章的，需要对其进行有条理地分类整理、提炼，突出主要信息。同时，海报元素要分主次，背景不能比主体突出，促销信息应该醒目显示。图 4-19 所示为主次分明的海报效果。

图 4-19　主次分明的海报效果

3. 留白

客户在浏览了多个店铺首页后，眼睛往往会在不同的颜色和结构切换中感到疲劳，因此店铺首页的海报设计可以适当留白，以减轻客户的视觉负担。例如，在海报周围留出一些空白，给客户简单舒适的视觉体验，从而让客户对店铺产生好的印象。图 4-20 所示为留白海报的效果。

图 4-20　留白海报的效果

4.2.2　海报设计的要点

要使海报达到美观、吸引客户注意的效果，就要对海报的主题、构图和配色进行综合考虑。

1. 主题

无论是新品上市还是活动促销，海报设计都应该围绕一个主题。一般情况下，海报主题通过简洁精练的文字搭配主体商品来表现，是海报的第一视觉点，让客户直观地看到海报传达的重要信息。此外，应根据商品和活动特点为海报选择合适的背景。在编辑文案时，建议文案的字体不要超过 3 种，同时用稍大或个性化的字体突出主题和商品的特征，如图 4-21 所示。

图 4-21　突出主题和商品特征

2．构图

构图的好坏直接影响着海报效果的好坏，海报构图主要分为左右构图、左中右三分式构图、上下构图、底面构图和斜切构图 5 种形式。图 4-22 所示为左右构图。

图 4-22　左右构图

3．配色

海报需要保持色调的统一，重要的文字信息应该用突出醒目的颜色进行强调，可通过明暗对比和颜色搭配来确定海报的整体风格。海报中不要使用过多的颜色，以免页面杂乱。图 4-23 所示即为色调统一、文字突出的海报。

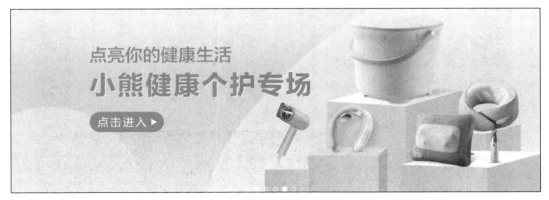

图 4-23　色调统一、文字突出的海报

4.2.3 海报设计的表现手法

灵活运用海报的设计和布局可以提升海报的美观度，快速吸引客户的注意力。好的海报表现手法则能让客户在第一时间了解海报中的重要信息，甚至对商品产生亲切感和信任感。海报设计的表现手法主要有 3 种，如表 4-1 所示。

表 4-1 海报设计的 3 种表现手法及要点说明

海报设计的 3 种表现手法	要点说明
直接展示法	这是一种运用十分广泛的表现手法，它将商品或主题直接展示在海报上，并充分运用摄影或绘画等方面的技巧，体现商品的质感、形态和功能用途，将商品精美的品质清晰直接地呈现出来，给人以现实感，使客户对商品快速产生亲切感和信任感
对比衬托法	这是一种趋向于对立冲突的表现手法，它用对比表现商品的性质和特点，从对比呈现的差别中，实现聚焦、简洁的表现效果。该手法能鲜明地强调或提示商品的性能和特点，给客户带来深刻的视觉印象
突出特征法	该手法运用多种方式抓住和强调商品与众不同的特征，将其置于海报画面的主要视觉位置或对其加以烘托，使客户在看到的瞬间即可感受到，从而产生兴趣，最终达到刺激购买欲望的目的

4.2.4 海报的制作

首页海报需要结合店铺的整体风格进行制作，下面介绍使用 Photoshop 制作海报的具体步骤。

第一步：打开 Photoshop，新建图片大小为 1920 像素×700 像素，分辨率为 72 像素/英寸，名为"全屏海报"的文件。

第二步：将前景色的 RGB 值设置为（211，226，240），按"Alt+ Delete"组合键将背景层填充为前景色。

第三步：打开素材文件"4.2.jpg"，将产品素材拖动到图像中，调整大小和位置等，并设置图层的混合模式为"正片叠底"，如图 4-24 所示。

图 4-24 添加产品素材

第四步：打开素材文件"4.3.jpg"，将需要的部分素材拖动到图像中，调整大小和位置等，并设置图层的混合模式为"滤色"或"叠加"，如图4-25所示。

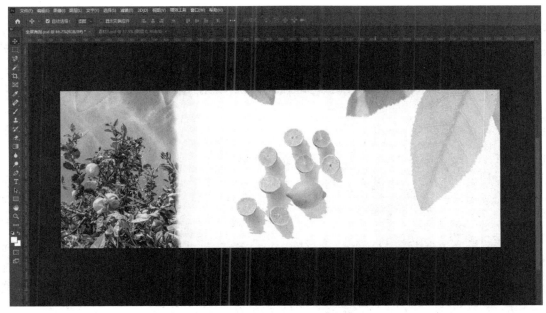

图4-25　添加需要的部分素材

第五步：选择"横排文字工具"，字体设置为"方正粗宋_GBK"，颜色为蓝色，RGB值设置为（82，146，236），添加文字"鲜爽多汁 清新清香"，调整大小和位置等，如图4-26所示。

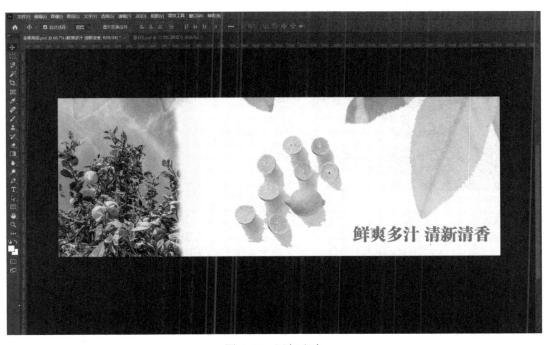

图4-26　添加文字

第六步：新建图层，选择"矩形选框工具"，在文字下方绘制黄色矩形，并添加白色文字"现摘现发"，如图 4-27 所示。

图 4-27　添加矩形和文字

第七步：保存图像并查看完成后的效果，如图 4-28 所示。

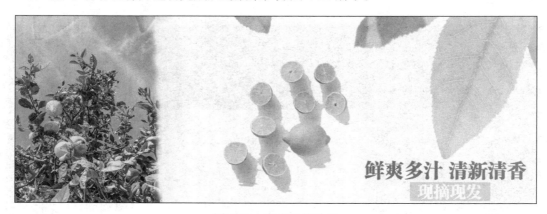

图 4-28　完成后的效果

4.3　店铺主图的设计与制作

客户通常是从商品主图中获得商品信息的。作为商品信息的核心载体，主图需要具有吸引力，使客户产生浏览欲望，从而进入商品详情页浏览更多信息。因此，主图效果的好坏在很大程度上影响着店铺流量的高低。一张好的主图可以为店铺运营节省很多宣传推广费用，也是店铺营销成功的关键因素。

4.3.1　主图尺寸规范与素材选择

1. 主图的尺寸规范

不同的电子商务平台对商品主图有不同的要求，接下来主要说明淘宝网的主图尺寸规范。淘宝网的标准主图为 310 像素×310 像素的正方形图片。对 800 像素×800 像素以上的图片，可在商品详情页中使用放大镜功能，使用该功能可以直接放大主图，在主图中查看商品的细节。在计算机上编辑发布商品时，主图位置一般可以上传 5 张不同角度的图片，一般最后一张主图要用白底图。商家要充分重视这 5 张主图的设计，这 5 张主图要尽量从不同角度来展示商品的特征。商家也可以在主图位置发布视频，方便客户查看实物效果。

2. 主图的素材选择

主图作为表现商品的第一要素，其素材的选择也要遵循一定的规律，主图素材的选择规律如表 4-2 所示。

表 4-2　主图素材的选择规律及要点说明

主图素材的选择规律	要点说明
清晰整洁	在主图素材的选择中，清晰整洁是首要条件，模糊、脏乱的主图不仅影响客户的视觉体验，还影响商品的价值展现
曝光正确	光的色温和明暗度是造成商品图片色差的关键，若选择一张曝光有问题的图片作为主图，将很容易引起售后问题。因此在选择主图时，要选择曝光正确的图片
展现角度合理	合理的商品展现角度不但能增强商品的立体感，使商品更加灵动，还能让客户更加清晰地看到商品的全貌，从而促使客户购买商品
完整展现商品	在保证商品展现角度合理的情况下，还要注重商品展现的完整度。第一张主图可展现商品最美观的角度，而第二张主图则可展现商品的侧面等，让客户从图片中能了解更多的信息

4.3.2　主图的营销体现

好的主图能够提高点击率，从而达到引流的目的，而让主图具有营销效果，从而吸引客户的眼球，则成为主图设计的关键。客户浏览主图的速度一般较快，让自己的主图在淘宝网搜索页的众多主图中成功吸引客户眼球，是制作营销型主图的关键，一般可以从以下 4 个方面着手。

1. 卖点清晰

卖点是指商品具备的别出心裁或与众不同的特色，既可以是商品的款式或材质，也可以是商品的价格等。卖点清晰是指客户即使一扫而过，也能快速明白商品的优势是什么、和别家的商品有什么不同。一张主图中卖点不需要很多，但要能够直击要害，以直接的方式打动客户。许多商品的卖点都是大同小异的，这时，优化卖点就会成为体现营销价值、吸引客户眼球的关键。图 4-29 中，左图想要体现的商品卖点是久戴耳朵不痛，该图场景是正确的，但背景过于单调，并没有体现出商品优势，因此该主图中卖点不够突出，不符合视觉营销的需求；而右图则传达了更多信息并体现了营销特点。

图 4-29　卖点展现对比

2. 商品的大小适中

　　主图中商品过大则显得臃肿，过小则不利于突出商品的主体地位，从而使营销效果达不到要求。而大小合适的商品能增强客户浏览时的视觉舒适感，提高点击率。图 4-30 中，右图的橘子与叶子形成对比，客户可以感受到橘子的实际大小，并且能感受到橘子的新鲜，极大地提高了浏览的直观度，甚至能让客户产生吃到口中汁水饱满的味觉体验，这样的展示效果比左图一堆橘子堆放在一处，让客户直观地感觉到一个橘子很小，甚至口感也普通的展示效果好。

图 4-30　大小对比

3. 宜简不宜繁

　　由于客户浏览主图的速度较快，因此主图传达的信息越简单明确就越容易被客户接受。商品杂乱、文案信息多、背景杂、水印夸张等都会阻碍信息的传达，从而影响营销效果。图 4-31 中，左图和右图都是化妆品。左图设计简洁大气、唯美清新，少量的文字很好地展现了其卖点。而右图用了多个部分来体现其卖点，并用了大量文字来说明化妆品的特点及促销信息，但文字太小，信息展现不够完整，从而会使客户快速跳过该主图。

图 4-31　简繁对比

4. 丰富细节

商家可通过放大细节提高主图的点击率，也可以在主图上添加除标题文字外的补充文字，如商品名称、特点、包邮、特价等内容。丰富主图的细节，可以使卖点更加突出，从而促进商品的营销。

4.3.3　主图的制作

主图的设计一定要有亮点。以下将制作一款野生松茸的主图，主要通过添加背景来突出产品质感，再通过促销文案来传递营销信息吸引消费者的注意力。下面介绍使用 Photoshop 制作主图的具体步骤。

第一步：打开 Photoshop，新建图片大小为 800 像素×800 像素，分辨率为 72 像素/英寸，名为 "商品主图.psd" 的图像文件。打开素材文件 "4.4.jpg"，将背景拖动到新建的主图中，调整大小和位置等，并设置图层的不透明度为 "70%"，如图 4-32 所示。

图 4-32　添加背景

第二步：打开素材文件"4.5.jpg"，对产品进行抠图，将产品素材拖动到主图中，调整位置和大小等，如图 4-33 所示。

图 4-33　添加产品素材

第三步：在工具箱中选择"矩形工具"，在图像编辑区的左下角绘制 245 像素×60 像素的矩形，填充颜色设置为红色，设置图层不透明度为"90%"，并添加投影效果（参数为默认值），完成后复制矩形，调整两个矩形的位置，如图 4-34 所示。

图 4-34　绘制矩形并调整位置

第四步：选择"横排文字工具"，在工具属性栏中，设置字体为"方正粗宋_GBK"，字号为"48 点"，颜色为黑色，在矩形上分别输入"原产地直销"和"无硫精品"文字，完成的效果如图 4-35 所示。

图 4-35 在矩形上添加文字

第五步：选择"横排文字工具"，在工具属性栏中，设置字体为"宋体"，字号为"98 点"，颜色为绿色，RGB 值为（54，228，31），输入"精品野生松茸"文字，完成的效果如图 4-36 所示。

图 4-36 添加文字

第六步：在工具箱中选择"矩形工具"，在工具属性栏中单击"填充"按钮，将填充颜色设置为红色，绘制280像素×50像素的红色矩形，按"Ctrl+T"组合键将其逆时针旋转45度，移动到左上角位置，如图4-37所示。

图4-37　绘制矩形并调整

第七步：选择"横排文字工具"，在工具属性栏中，设置字体为"宋体"，字号为"30点"，颜色为白色，在红色矩形上输入"不满意包退"文字，按"Ctrl+T"组合键将文字逆时针旋转45度，使其展现的效果更加美观，完成的效果如图4-38所示。

图4-38　添加文字并调整

第八步：保存图像，查看完成后的效果，如图 4-39 所示。

图 4-39　完成后的效果

 课后实训

征集女装店铺店招

　　某店铺举办了一场店招征集大赛，小赵看见后欣喜若狂，立即填写报名表，准备大显身手。他查阅相关资料、收集相关素材，设计出了图 4-40 所示的店招，并获得了一等奖。然后老师将此店招作为教学案例，向小赵索取了设计的原始素材并分享给每位同学，要求同学们按照小赵的最终设计图做出设计并将具体的操作步骤整理成文档在班级进行分享。

图 4-40　最终设计图

 复习思考题

一、填空题

　　1.互动布局是指店招以互动信息为主,如关注、分享、会员、品牌故事等,有利于＿＿＿＿＿＿,加强客户与店铺的联系。

2．海报的主题一般在背景、商品和_____中体现，而这些元素往往是杂乱无章的，需要对其进行有条理的分类整理、提炼，突出主要信息。

3．构图的好坏直接影响着海报效果的好坏，海报构图主要分为左右构图、_____、上下构图、底面构图和斜切构图5种形式。

4．淘宝网的标准主图为_____的正方形图片。

5．商品杂乱、_____、背景杂、水印夸张等都会阻碍信息的传达，从而影响营销效果。

二、判断题

1．淘宝网按尺寸大小将店招分为常规店招和通栏店招两类。常规店招尺寸为980像素×120像素，而通栏店招的尺寸多为1920像素×150像素。(   )

2．海报需要保持色调的统一，重要的文字信息应该用突出醒目的颜色进行强调，可通过明暗对比和颜色搭配来确定海报的整体风格。(   )

3．突出特征法是一种趋向于对立冲突的表现手法，它用对比表现商品的性质和特点，从对比呈现的差别中，实现聚焦、简洁的表现效果。(   )

4．合理的商品展现角度不但能增强商品的立体感，使商品更加灵动，还能让客户更加清晰地看到商品的全貌，从而促使客户购买商品。(   )

5．所谓"卖点"就是指商品具备的别出心裁或与众不同的特色，既可以是商品的款式或材质，也可以是商品的价格等。(   )

三、简答题

1．简述店招的设计元素。

2．简述店招的布局类型。

3．简述海报设计的技巧。

4．简述海报设计的表现手法。

5．简述制作营销型主图的关键因素。

第5章 网店营销推广

章首导学

学习目标

1	知识目标	❖ 了解网店的促销活动 ❖ 了解站内付费推广
2	技能目标	❖ 掌握网店的营销工具 ❖ 掌握微信与微博营销推广 ❖ 掌握短视频营销推广 ❖ 掌握直播营销推广
3	素养目标	❖ 坚持创造积极健康的网络文化产品，开展丰富多彩的网络推广活动

5.1 网店促销活动与营销工具

近年来，虽然网店的数量与日俱增，但许多网店由于缺乏经营意识，只是昙花一现。网店同传统的商店一样都需要精心打理，因此组织既适合网店又适合网络环境的促销活动就显得十分重要。

5.1.1 网店的促销活动

在日常的网店运营中，促销活动一般包括店铺、官方以及第三方平台的促销活动，由于当下官方促销活动是网店运营工作的主流，所以下面以官方促销活动为主进行介绍。

官方促销活动是指由网络平台组织商家开展的活动。一方面，网络平台引导商家按要求参与各种活动；另一方面，网络平台在站内各大主要栏目及站外进行宣传推广，拉动客户参与。由于网络平台拥有广泛的受众及较强的活动宣传影响力，因此商家适度地参加官方促销活动对增加销量、积累客户、提升影响力都有明显的效果。

下面主要以淘系为例，系统介绍官方促销活动。

（1）淘系官方促销活动类型

淘系官方促销活动主要包括品牌型活动、行业型活动、节庆型活动，如表5-1所示。

表 5-1 淘系官方促销活动及要点说明

淘系官方促销活动	要点说明
品牌型活动	聚划算、淘抢购、淘金币、全球购、极有家、天天特价、阿里试用等活动属于品牌型活动。这类活动面向整个淘系平台，在 PC 端、移动端首页及主要栏目都有流量入口，受众广、流量大，因此其销量拉动和品牌推广的效果比较明显
行业型活动	行业型活动即面向行业的专场活动，如女装、男装、女鞋、男鞋、运动户外、母婴、美妆、家居百货、家电数码等常规类目的活动，以及潮电街、淘宝美食、农村淘宝等特色市场类目的活动，这类活动的流量入口主要分布在类目频道页，虽然没有品牌型活动的影响力大，但客户针对性更强
节庆型活动	节庆型活动，如面向淘宝商家的"淘宝嘉年华""双十一""6·18 年中大促""女王节""年货街"等活动，尤其是"双十一""6·18 年中大促"专场可以算得上是影响整个互联网的大型活动

（2）淘系官方促销活动报名要求

由于官方促销活动流量巨大，促销、品牌效果较明显，因此它成了商家眼里的香饽饽，但是对平台而言，为了保障平台的信誉度、提升客户体验，平台要求参加活动的商家必须具备一定的资质。平台一般要求商家须符合《营销平台基础招商标准》，并且平台对参加活动的商家和商品作出了详细规定。

（3）淘系官方促销活动报名渠道

平台为商家参加官方促销活动提供了多元化的入口。

① 统一的淘宝官方营销活动中心入口。为了方便商家报名，平台提供了统一的淘宝官方营销活动中心导航页，以供商家参加各种类型的活动。

② 商家后台营销中心入口。商家也可以通过"卖家中心（商家后台）"→"营销中心"栏目报名参加活动。

1. 聚划算活动

（1）聚划算活动流量入口

聚划算活动在淘系平台备受瞩目，关键在于淘系平台赋予其丰富的流量入口，如手机端淘宝首页聚划算入口在主要栏目的中间位置，如图 5-1 所示；PC 端淘宝首页聚划算入口在横向导航入口位置，如图 5-2 所示。另外，淘系平台还为聚划算开发了独立的 App，用户无论打开哪个入口，都可以看到多种多样的聚划算活动。

图 5-1 手机端淘宝首页聚划算入口

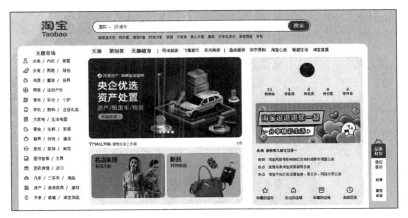

图 5-2　PC 端淘宝首页聚划算入口

（2）聚划算活动类型

随着聚划算体量的增加和活动场景的不断变化，聚划算活动类型也变得多种多样，从原来简单的商品团、品牌团、聚新品等发展到多种类型，如图 5-3 所示。不同的类型适合不同的营销场景：商品团是单品参加团购的形式，针对的商家比较广泛；品牌团针对有影响力的品牌商家及商品开放；聚新品主要针对新品开放，助力商家"引爆"新品，快速积累客户群体。

图 5-3　聚划算活动类型

（3）聚划算活动报名要求

不同类型的聚划算活动的报名要求有差异，下面以商品团为例具体介绍聚划算活动对商家及商品的要求。聚划算活动要求具体包括商家店铺资质和商品资质两大方面。

① 商家店铺资质要求。

商家店铺资质要求主要体现在开店时间、店铺信用、店铺评分、参聚退款率等方面：店铺开店在 180 天及以上；店铺一般类目信用在一皇冠及以上；店铺的有效店铺评分数量，天猫店铺必须在 300 个及以上，淘宝店铺必须在 200 个及以上，特殊类目另行计算；参加过近 30 天聚划算的订单金额退款率不超过 50%，订单未发退款率不超过 30%，特殊类目另行计算。

② 商品资质要求。

商品资质要求方面除了要符合《营销平台基础招商标准》，在商品历史销售记录、库存量、商品限购数量等方面也有具体的规定：具体活动报名商品一口价必须符合聚划算对商品历史销售记录的要求，如商品一口价在 500 元以下的，报名商品近 30 天的历史销售记录必须在 20 笔及以上；报名商品的库存量在 1000 件及以上。

2. 淘金币活动

淘金币是淘宝平台为淘宝卖家量身打造的免费网店营销工具，卖家可以通过淘金币账户赚取淘金币，给买家发淘金币，打造网店专属的自运营体系，提高买家黏性与成交转化率。

下面介绍报名淘金币活动的具体操作步骤。

第一步：打开"千牛商家工作台"页面，选择左侧"营销"栏中"营销管理"下的"营销场景"选项，选择"淘金币"选项，如图5-4所示。

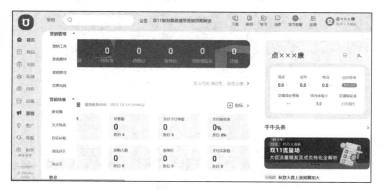

图5-4 选择"淘金币"选项

第二步：在"活动招商"菜单中根据自己的经营项目选择报名的活动，如图5-5所示。

图5-5 选择报名的活动

第三步：按照流程即可完成报名，活动详情页面如图5-6所示。

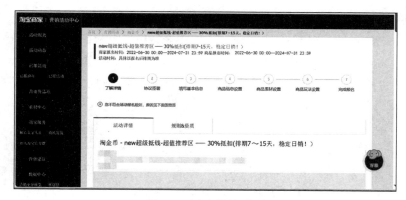

图5-6 活动详情页面

5.1.2　网店的营销工具

营销工具是指网店运营过程中从事营销活动所使用的工具，由于营销工具的设置既能体现一定的优惠力度，又有一定的时效限制，因此商家将这些营销工具与推广、活动配合起来使用，能起到促进客户购买、提升店铺转化率、提高客单价、促进关联消费、提升店铺业绩的目的。

传统的市场营销活动中，商家主要的营销形式表现为折扣券、减价优惠、组合销售、多买多送、赠品抽奖和团购活动等，在网店营销活动中同样存在这些形式，如淘系的红包优惠券、拼多多的拼购等。下面以淘系平台营销工具为例进行介绍。

淘系平台为商家提供的营销工具主要有优惠券、单品宝、店铺宝、搭配宝等，这些在千牛商家工作台营销工具列表都有展示，如图 5-7 所示。

图 5-7　营销工具列表

1. 优惠券

优惠券是商家常用的营销工具，既可以独立使用促进客户快速下单，又可以结合店铺宝、购物车营销、淘宝客推广等使用，比较灵活。优惠券有网店优惠券、商品优惠券以及包邮券3 种类型，如表 5-2 所示。

表 5-2　优惠券的类型及要点说明

优惠券的类型	要点说明
网店优惠券	全店商品通用，客户购买全店商品可凭券抵扣现金
商品优惠券	定向优惠，客户购买特定商品可凭券抵扣现金
包邮券	特色服务，客户购买全店商品可凭券享受包邮权益

2. 单品宝

单品宝是针对店铺某个商品灵活设置打折、促销价的工具。商家应用单品宝对商品进行设置后，前台对应商品会自动体现出打折优惠的效果。

3. 店铺宝

店铺宝是店铺级优惠工具，支持创建部分商品或全店商品的满减、满折、满包邮、满送权益、满送赠品等营销活动，是"满就减（送）"的升级版。店铺宝设置完成后，前台对应商品会自动体现对应的优惠效果。

4. 搭配宝

搭配宝是淘系平台提供给商家的一款比较实用的促进客户关联消费的营销工具。搭配宝通过套餐的搭配可以提高商品的性价比，通过时效限制来调动客户的购物热情，不仅可以提升商家的店铺转化率，还有利于提升店铺的客单量，可以说搭配宝是"搭配套餐"的升级版。

5.2　站内付费推广

在当下自然流量竞争越来越激烈的环境下，付费推广已经成为很多卖家引流的必备手段。在淘宝平台上，直通车、钻石展位和淘宝客是大多数卖家会选择使用的付费推广工具。

5.2.1　直通车

直通车是网店推广的得力助手，具有广告位极佳、针对性强和按效果付费等优势。直通车的核心作用是提高流量、吸引新买家，通过超高点击量提高网店的综合评分，从而增加自然搜索量。本小节主要讲述直通车推广的相关内容，包括直通车的概念、直通车广告的展示位置、新建直通车推广计划等。

1. 直通车的概念

直通车是阿里妈妈旗下的一个营销平台，是淘宝网的一种付费推广方式，消费者可通过单击直通车推广展位的商品进入该商品详情页，产生一次甚至多次跳转流量。同时，直通车还给参与商家提供了淘宝网首页热卖单品活动、各个频道热卖单品活动以及不定期的淘宝各类资源整合的直通车用户专享活动。

2. 直通车广告的展示位置

直通车竞价结果可以在淘宝网以"图片+文字"的形式展示出来。每件商品可以设置 200 个关键字，卖家可针对每个竞价词自由定价。直通车广告一般展示在以下位置。

① 当买家在淘宝网中输入关键词搜索商品时，就会在搜索结果页面右侧的"掌柜热卖"栏看到直通车广告，如图 5-8 所示。

② 在搜索结果页面的下端也会出现直通车广告，如图 5-9 所示。

③ 利用商品类目搜索。如果买家不使用关键词搜索，而是直接进入淘宝网分类频道页面，那么在打开的商品页面中，右侧"掌柜热卖"的位置也是直通车广告，如图 5-10 所示。

图 5-8 "掌柜热卖"广告位

图 5-9 搜索结果页面下端的广告位

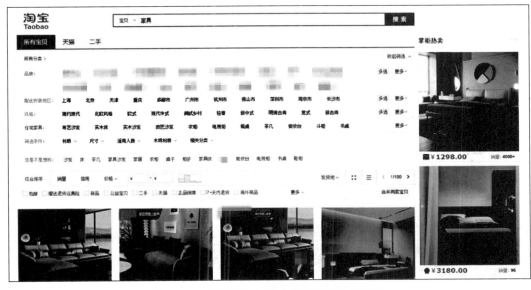

图 5-10 商品页面右侧"掌柜热卖"广告位

④ 天猫中直通车的展示位置在搜索结果页面的下方，显示为"掌柜热卖"，只要是天猫用户且已加入直通车，其广告就有可能在该位置展现出来。天猫搜索结果页面下方的直通车展示位如图 5-11 所示。

图 5-11　天猫搜索结果页面下方的直通车展示位

3. 新建直通车推广计划

根据店铺的实际情况和推广需求，商家可选择合适的直通车推广方式，在直通车页面中新建直通车推广计划。下面介绍在淘宝网中新建直通车推广计划的方法，具体操作如下。

第一步：登录淘宝网，打开"千牛商家工作台"页面。在"推广"栏中"推广服务"下选择"直通车"选项，如图 5-12 所示。

图 5-12　选择"直通车"选项

第二步：进入直通车后台，切换到"推广"选项卡，如图 5-13 所示。

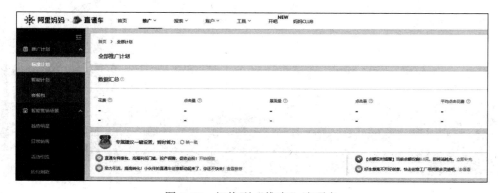

图 5-13　切换到"推广"选项卡

第三步：打开"标准推广"页面，单击"新建推广计划"按钮，如图 5-14 所示。

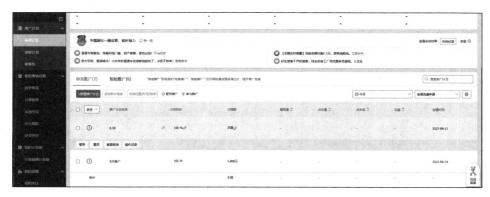

图 5-14　单击"新建推广计划"按钮

第四步：打开"推广计划设置"页面，如图 5-15 所示，输入"计划名称"和设置"日限额"。

图 5-15　"推广计划设置"页面

第五步：单击"高级设置"，在打开的对话框中可以设置"投放位置""投放时间"等，单击"确定"按钮，如图 5-16 所示。

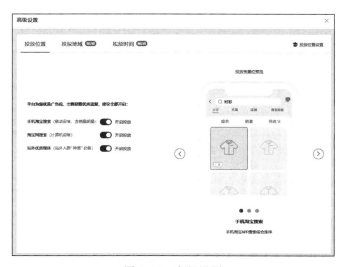

图 5-16　高级设置

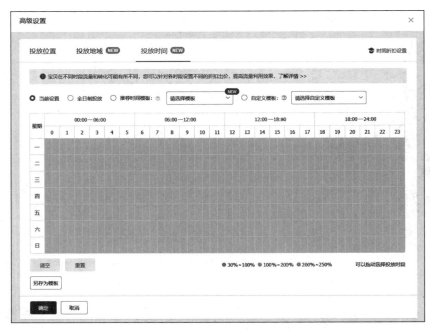

图 5-16　高级设置（续）

第六步：在"单元设置"板块中单击"添加宝贝"按钮；在打开的页面中选择需要推广的商品，完成后单击"确定"按钮，如图 5-17 所示；返回"推广设置"页面，此时"创意设置"板块中已自动生成效果预览图，如图 5-18 所示。

图 5-17　添加商品

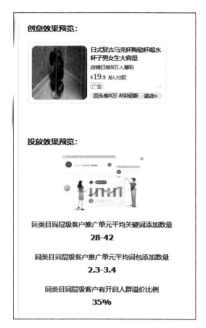

图 5-18　效果预览

第七步：在"推荐关键词"板块中可以看到系统推荐的关键词，单击"更多关键词"按钮；打开"添加关键词"对话框，单击"精准匹配"按钮，在右侧的关键词列表框中选择所需的关键词，并将其添加到左侧列表框中，如图 5-19 所示；添加完成后，再设置"修改出价"，最后单击"确定"按钮。

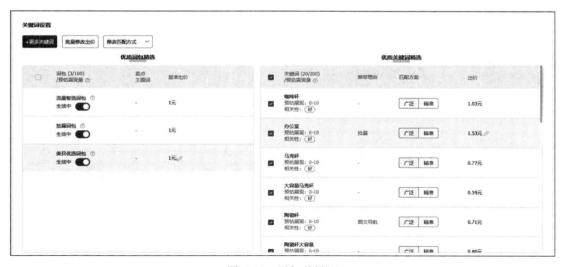

图 5-19　添加关键词

第八步：在"人群设置"板块中单击"更多精选人群"按钮，如图 5-20 所示，在打开的"添加访客人群"对话框中目定义组合人群，可以组合的人群包括"精选人群""店铺长期价值人群""优质人群扩展"等；选择人群后设置"修改溢价"（溢价是指在原本出价上进行加价），然后单击"确定"按钮，即可返回"推广方案"页面。

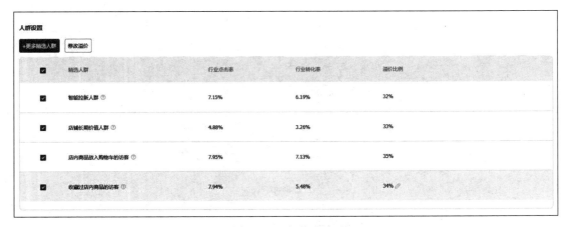

图 5-20　添加推荐人群

第九步：在"推广方案"页面的"定向推广"板块中设置智能投放出价（设置后商品将有机会在定向推广位置中进行展现），设置完成后单击"完成推广"按钮，即可完成直通车计划的新建操作，如图 5-21 所示。

图 5-21　创建完成

5.2.2　钻石展位

钻石展位可分为展示广告、移动广告、视频广告、明星店铺 4 种类型，下面分别对这 4 种钻石展位的展示位置、创意形式等进行介绍。

1．展示广告

钻石展位展示广告以图片展示广告为基础，以精准定向为核心，面向全网精准流量实时竞价。钻石展位展示广告支持按展示付费（CPM，指广告创意按照每 1000 次展现计费）和按点击付费（CPC，指广告创意按照用户点击次数计费），为商家提供精准定向、创意策略、效果监测、数据分析、诊断优化等一站式全网推广、投放解决方案，帮助商家实现高效、精准的全网营销。

① 展示位置：包含淘宝网、天猫商城、新浪微博、网易、优酷土豆等几十家淘内、淘外优质媒体的上百个大流量优质展位。

② 创意形式：支持图片、Flash 等动态创意，支持使用钻石展位提供的创意模板。

③ 收费方式：在按展示付费（CPM）的基础上，增加按点击付费（CPC）的结算模式。

④ 投放方式：商家选择资源位，设置定向人群，竞价投放，价高者得。

2. 移动广告

移动广告是通过移动设备（手机、平板电脑等）访问 App 或网页时显示的广告，其主要形式包括图片、文字、音频等。随着移动电子产品的发展，移动广告的受众人数不断增加，可根据消费者的属性和访问环境，将广告直接推送至消费者使用的电子产品上，使传播更加精准。

① 展示位置：在网络视频节目（电视剧、综艺节目等）播放前/中/后插播贴片广告。

② 展示形式：视频格式展示，时长在 15 秒以内。

③ 定向支持：除钻石展位常规定向外，还可支持视频主题定向，即筛选热门动漫、影视、演员等，精准投放。

④ 创意形式：可自主上传相关视频，也可在创意实验室中制作视频。

3. 视频广告

视频广告是淘宝网为使钻石展位获取高端流量而打造的品牌宣传类商业产品。视频广告可在视频播放开始或结束时展现品牌宣传类视频，具有曝光环境一流以及广告展现力强等优势，其配合钻石展位提供的视频主题定向，能够获取精准的视频流量。

① 展示位置：视频广告主要展示在国内主流视频网站上，如爱奇艺、优酷、腾讯视频等大型视频媒体，广告主要展示在视频开始前和视频播放暂停时。

② 展示形式：以视频形式进行广告内容的展示，展示形式新颖。

③ 定向支持：针对各视频网站提供视频主题定向支持，商家可根据目前热播剧集的名称、主题进行定向。

④ 创意形式：支持 FLV、MPEG 等主流视频格式。

4. 明星店铺

明星店铺是钻石展位的增值营销服务，仅对部分钻石展位商家开放。开通明星店铺后，商家可对推广信息设置关键词和出价，当有消费者在淘宝网商品搜索框中输入特定关键词时，商家的推广信息将有机会在搜索结果页面最上方位置获得展示，这可使商家在实现品牌曝光的同时赢得更多转化。

① 展示位置：在淘宝 PC 端、手机淘宝以及 UC 浏览器搜索结果页面最上方。

② 展示形式：当搜索关键词触达投放广告词时推广信息即可在搜索结果页面最上方得到展示，确保获得流量的精准性。

③ 创意形式：提供多种创意模板，PC 模板和移动端模板相互独立，模板由图片和多条文案构成，满足各类消费者的需求。

④ 收费方式：按展示收费。

5.2.3 淘宝客

淘宝客是专为淘宝商家服务的营销推广工具。区别于直通车的按展示付费、按点击付费，淘宝客以实际的交易完成额为计费依据，帮助商家推广商品并获取佣金。淘宝客支持以单个商品和店铺的形式进行推广，商家可针对某个商品或店铺设定推广佣金。淘宝客佣金可以在一定范围内进行调整，佣金越高，商家越容易获得淘宝客的关注。

1. 淘宝客的推广方式

为满足不同类型店铺的需求，淘宝客提供了多种推广方式，如营销计划、定向计划、阿里妈妈推广券等，商家可根据实际需求设置推广方式。淘宝客的推广方式及要点说明如表 5-3 所示。

表 5-3　淘宝客的推广方式及要点说明

淘宝客的推广方式	要点说明
营销计划	营销计划是商家在联盟后台进行单品推广的新计划。该计划支持单品推广管理、优惠券设置管理、佣金管理、营销库存管理、推广时限管理等商家推广所需的基本功能，并支持查看实时数据及各项数据报表。营销计划的优势在于其可让淘宝客便捷获取商品链接进行推广，让商品获得更多流量，让商家了解商品实时推广效果
定向计划	定向计划是商家为淘宝客中某一个细分群体设置的推广计划，商家可以筛选通过申请的淘宝客，设置佣金比例最高为 70%。定向计划的流量相对较少，但精准度和转化率相对较高，可让商家获取较多的有效流量。在淘宝客首页单击"新建定向计划"按钮，即可创建定向计划
阿里妈妈推广券	阿里妈妈推广券是阿里妈妈官方指定的淘宝客推广优惠券，可支持淘宝客通过"优惠券 + 商品"的模式进行推广，可在站外推广中引入新购买人群，提高单品转化率

2. 合理设置淘宝客推广佣金比例

淘宝客推广过程中带来的展示量、流量等全部免费，商家只需按照交易额支付推广费用，所以对商家而言，佣金是吸引淘宝客推广的关键，其比例设置十分重要。

很多商家在开通淘宝客推广后，由于佣金比例设置不合理，很容易出现没有淘宝客推广、没流量、没成交等情况，达不到预期的推广效果，那么商家该如何设置佣金比例呢？下面介绍两种设置佣金比例的思路。

（1）根据店铺的不同阶段设置佣金比例

当店铺处于不同发展阶段时，为适应店铺发展要求，实现店铺现阶段的发展目标，商家可设置不同的佣金比例，如表 5-4 所示。

表 5-4　店铺不同阶段的佣金比例

店铺的阶段	佣金比例
新店铺发展阶段	刚开张或开张不久的新店铺，在销量、买家评价、卖家信誉等各个方面都没有优势，这个阶段的店铺需要人气，而为积累人气，商家要考虑最大限度让利淘宝客。从淘宝客的角度来看，新店铺人气不足，没有销量和评价，推广这样的店铺或商品需要花费更多的时间和精力，相比之下，他们更愿意选择一些销量高、口碑好、品牌佳的店铺进行推广。因此，如果新店铺设置的佣金比例不高，就很难吸引淘宝客进行推广
店铺稳定发展阶段	当店铺发展较稳定时，店铺流量、转化率、成交额都比较稳定，甚至店铺也有一定的口碑和信誉，拥有不错的买家评价，此时很多淘宝客会主动选择这样的店铺进行推广。该阶段的佣金比例不需要进行太大调整，一般可根据店铺利润以及行业、竞争对手的情况等进行设置

（2）根据商品类型设置佣金比例

使用淘宝客进行推广时，商家还可以根据商品类型设置不同的佣金比例，如分别设置热销品、常推款和主推款、活动款的佣金比例，如表 5-5 所示。

表 5-5　不同商品类型的佣金比例

商品类型	佣金比例
热销品	热销品一般是店铺的主要引流商品，其性价比、口碑、转化率、买家评价等数据都较好，此时佣金设置一般在利润可承受范围内，保持中等偏上的比例。一般来说，热销品的佣金比例不宜大幅度变动，如果佣金比例降低，很容易影响商家与淘宝客的关系，以及淘宝客的忠诚度

商品类型	佣金比例
常推款和主推款	常推款即一直在推广的款式。与主推款不同，主推款的佣金比例通常高于常推款，且建议主推款佣金比例尽量高于类目佣金。而常推款的佣金比例根据实际情况设置，在保证利润的基础上还要保持有稳定的成交
活动款	如果商家参加淘宝网活动，如聚划算、天天特价等，由于活动期间的商品利润比较低，此时建议将淘宝客的佣金比例设置在利润可承受范围内，等活动结束后再做调整

5.3 站外引流推广

站外引流推广更加注重关系导向，强调卖家与买家的互动。有效的站外引流推广方式主要包含微信营销推广、微博营销推广、短视频营销推广和直播营销推广。

5.3.1 微信营销推广

当前环境下，人们大多有微信。卖家做好微信营销推广是相当重要的，因为这是网店"引流增粉"的重要渠道。下面主要介绍微信营销推广的技巧和常用方法。

1. 微信营销推广的技巧

微信营销推广凭借广阔的发展空间、强互动性的信息交流以及方便实用的用户体验让营销者品尝到了甜头。微信营销推广的特点包括传播率高、传播面广、传播速度快等。它所传送的信息和短信一样，可以直接到达用户手机上。因此，企业在进行微信营销推广时，切记不可盲目，要讲求技巧，为用户提供价值，而非简单地吸引人的眼球。

① 内容为王，结合企业特点做好内容定位，提高用户的黏性。企业开始微信营销推广之前，首先，要做好企业定位。一个有自身特点的企业才具有吸引精准用户群体的特质，进而针对这个用户群体所进行的营销推广才有可能成为有效营销推广。

其次，内容的定位应该结合企业的特点，同时又从用户的角度去考虑，因为微信不是为企业服务的，而是为用户服务的。这一点很重要。用户只有从企业的微信中获得想要的东西，才会忠实于企业，使企业的营销推广目的在潜移默化中实现。

因此，向用户推荐有价值的内容，让每一次推送都能够被用户欣然接受，这就是"内容为王"。

② 内容推送，避免狂轰滥炸。无论是微信还是微博，用户订阅的优势在于自由取舍。目前，很多微信推送采取每日一次的频率，而大多数用户不会对一个订阅号每日一读，因此还需要重视推送频率等的设置。

推送时间要固定，因为只有时间固定了，用户才会形成阅读习惯。例如，许多公众号会从下午开始，在晚上8点之前发送信息，而且微信中可以设置取消发送信息时的提示音。用户在闲暇时间就可以去看，而不是只要被提示就要去看，这样就不会让其产生逆反心理。

关于推送频率，建议一周不要超过4次。每日一推首先很难保证内容的精确策划，而将低质量的内容高频次地推送给用户，很有可能使用户取消关注。当然，内容太少了，用户也会觉得意犹未尽，因此把握好度很重要。

关于推送形式，建议多样化。微信内容不一定都是图文专题式的，也可以选择一些短小精悍的纯文本形式与图文专题穿插推送。关键在于短文的内容能够引发用户的思考或者共鸣，取得良好的互动效果。这样既能实现与用户的互动，也能更了解用户，实现更好的内容策划。

③ 沟通是关键。微信作为一个沟通的平台，互动是必不可少的。如微信公众号要适时地进行人工互动，而不是简单地自动回复。很多用户会主动与其关注的公众号进行互动，如果用户每次都收不到回复，一般就会取消关注。因此，沟通是微信营销推广的灵魂。

④ 建立丰富易查的关键词回复系统。微信消息太多，有些内容就会被覆盖掉，因此建立一个丰富易查的关键词回复系统是非常重要的。这一功能可以方便用户查找到其所需要的信息，增强互动性。

⑤ 线上、线下活动相结合。线上、线下活动相结合可以提高用户的忠诚度，同时也可以让营销推广更接地气，真实而富有亲和力。

2. 微信营销推广的常用方法

通过微信为店铺营销推广有两种常用的方法，即微信个人账号营销和微信公众号营销，下面分别进行介绍。

① 微信个人账号营销。微信个人账号营销主要是指商家通过微信个人账号朋友圈发布一些碎片化、即时的状态来传达店铺或商品的信息，通过朋友圈的频繁互动来拉近与消费者的距离。这种方法可以为目标人群提供持续、精准的服务，从而实现一定程度的口碑传播。

② 微信公众号营销。微信公众号营销是指商家通过微信公众号为店铺引流。相较于微信个人账号，微信公众号推文所能辐射的范围更大，能够吸引的消费者更多，推广效果更好，从而能为店铺吸引更多的流量。微信公众号主要通过推送一定篇幅的文章进行引流，呈现内容更详细，呈现形式更多样，具有更强的感染力。

目前，商家在进行微信公众号引流时主要有两种方法：一种是自己打造微信公众号，这种方法推广成本相对较低，也有助于形成自己的品牌，但需要较长的周期才能产生明显效果；另一种是与一些较为成熟的、符合自身店铺定位的微信公众号进行合作，合作的方式主要是在微信公众号推文中植入广告，这种方法需要支付一定的推广费，但很快就能看到效果。

5.3.2 微博营销推广

在各种营销推广方式中，微博营销推广具有操作简单、信息发布便捷、互动性强、成本低等优势，所以微博已经成为许多卖家开展站外推广必选的一个渠道，卖家通过微博实施营销推广时，可以采用以下技巧。

1. 微博账号不在于多，而在于精

有的企业在建立微博时，一开始没有定位主题，今天觉得这类主题的微博很不错，就建立了一个微博账号，明天可能觉得那类主题的微博不错，又建立了一个微博账号。运营微博和运营网站类似，要讲究专注，因为人的精力是有限的。

2. 使用个性化的名称

一个好的微博名称不仅便于用户记忆，也可以取得不错的搜索流量。企业如果要建立微博，准备在微博上进行营销推广，那么可以将企业名称、产品名称或者其他个性名称作为微博的名称。

3. 巧妙利用模板

微博平台会提供一些模板，企业可以选择与行业特色相符合的模板，这样与微博的内容更搭。当然，如果有能力，设计一套有自己特色的模板也是不错的选择。

4. 使用搜索功能，查看与自己相关的内容

微博平台具有搜索功能，可以利用该功能对自己已经发布的话题进行搜索、查看内容的排名、与别人的微博内容进行对比。查看微博的评论数量、转发次数以及关键词的提及次数，可以了解微博取得的营销推广效果。

5. 定期更新微博信息

微博平台一般对发布信息频率不做过多限制，但对营销推广来说，微博的热度和关注度来自微博话题的可持续性，只有不断制造新的话题，发布与企业相关的信息，才可以吸引目标客户的关注。刚发的信息可能很快被后面的信息覆盖，要想长期吸引客户注意，必须要对微博进行定期更新。当然，及时更新的、新颖的话题还可能被网友转发或评论。

6. 及时回复粉丝的评论

要积极查看并回复微博上粉丝的评论。如果想获取更多评论，就要以积极的态度对待评论，回复评论也是对粉丝的一种尊重。

7. 灵活运用 "#" 与 "@" 符号

在微博中发布内容时，两个 "#" 间的文字是话题的内容，在该部分可以加入独特的见解。如果想引入某个活跃用户，可以使用 "@" 符号，意思是 "向某人说"，如 "@××，欢迎您的参与"。在微博菜单中单击 "@我的"，能查看提到自己的话题。

8. 学会使用私信

与发布的微博相比，私信可以容纳更多的文字。只要对方是你的粉丝，你就可以通过发私信的方式给对方发送更多内容。因为私信可以保护收信人和发信人隐私，所以当开展活动时，发私信的方式会显得更尊重粉丝。

9. 确保信息真实与透明

开展一些促销活动（如抽奖活动）时，应以企业的名义发布微博，要及时公开中奖情况并兑现，以获得粉丝的信任。企业要在微博上及时对活动进行跟踪，确保活动的持续开展，以吸引更多粉丝加入。

10. 不能只发产品信息或广告宣传

微博不是单纯的广告平台，微博的意义在于信息分享，没有吸引力的话题是不会引发互动的，要注意话题的娱乐性、趣味性、幽默感等。

5.3.3 短视频营销推广

在长视频时代，要想做视频营销推广，需要花费很大的人力、物力和财力。随着短视频的兴起，因为门槛低、传播速度快、上手简单、投入少，短视频成了众多商家青睐的营销推广工具。目前，已经有越来越多的商家使用短视频开展市场营销推广活动。

1. 短视频的营销推广策略

要想短视频获得超高的流量，短视频运营者在发布短视频时可以利用以下技巧提升营销推广效果（以抖音短视频为例）。

① 添加话题标签。话题通常以"#+短语"的形式体现。话题的种类多种多样，如与某个流行事件挂钩的事件话题，与某个活动挂钩的活动话题，与某个主题挂钩的主题话题，等等。在短视频的标题中插入与短视频内容相关的话题标签，可以有效提升短视频的营销推广效果。例如，某抖音账号在发布某个短视频时添加了多个话题标签，如图 5-22 所示。

图 5-22　短视频话题标签

② @好友。在发布短视频时，短视频运营者可以@好友，让平台内其他账号推荐自己的账号，这样可以达到利用平台功能实现平台中异号营销推广的目的。短视频运营者可以与平台内其他账号进行合作，相互推广。合作的账号越多，综合开发利用的价值就越大，账号营销推广的效果也会越好。

@好友的推广形式使短视频关注者或者粉丝既看到了视频，也看到了推广的账号，如果有兴趣，就可以直接点击"@+账号"进入对方的账号，观看对方账号的视频内容，或者关注对方账号，进而转化为对方账号的粉丝。某抖音账号发布的短视频@好友如图 5-23 所示。

以抖音为例，短视频运营者在抖音 App 的"发布"页面中进行设置时，点击"@朋友"按钮，从关注的抖音账号中选择一个好友即可，如图 5-24 所示。

图 5-23　短视频@好友

图 5-24　短视频@好友页面

短视频运营者@好友时，需要注意两点：一是相关性，即所选择的好友账号要与短视频内容有一定的关联；二是好友账号的热度，应该选择粉丝比较多的好友账号，然后利用优质内容吸引对方粉丝关注自己的账号。

③ 添加地理位置。有些短视频左下角的账号名称上方显示有地址信息。图 5-25 中，显示的地理位置为"长春冰雪新天地"。

短视频运营者在抖音 App 的"发布"页面中进行设置时，设置好标题，添加话题标签或@好友后，下一步就是设定"你在哪里"的位置信息，点击下方文字就会打开"添加位置"页面，根据需要进行选择即可，如图 5-26 所示。

对一些以地域为名称进行宣传或具有地域特色的短视频账号而言，为短视频内容添加位置是提高知名度和唤起本地用户归属感的有效方法。

图 5-25　短视频添加地理位置

图 5-26　短视频"添加位置"页面

④ 私信引流。私信引流是利用抖音的私信功能进行精细化、一对一地引流"吸粉"，这种方法虽然效率比较低，但是精准度很高。短视频运营者首先要找到定位相似的抖音账号，并选出粉丝量较多的账号，找到相关视频后浏览评论区，在评论区中选出需求比较强烈的用户，给对方发私信。

⑤ 参与挑战赛。很多短视频平台都有挑战项目，这些项目自带巨大流量，如抖音推出的"话题挑战赛"，每天都有各种主题的热门话题和挑战活动，鼓励用户积极参加。参与话题挑战赛，主要是跟拍网友的同款视频，最后看谁拍的视频效果好。这是一种带有娱乐竞赛性质的活动，可以起到很好的营销推广作用。

2. 常见品类商品营销推广短视频内容策划

不同品类的商品，属性、作用、功能等各不相同，其在短视频中的表现形式也有所不同。下面将介绍服装类商品和食品类商品营销推广短视频的策划要点。

① 服装类商品营销推广短视频内容策划。服装类商品营销推广短视频的内容需要重点展现服装的上身效果，要点如表 5-6 所示。

表 5-6　服装类商品营销推广短视频内容策划要点

切入方向	主要内容设计	内容策划要点
单纯展示服装	只让服装出现在短视频中，以画外音的方式介绍服装的特点	用画外音介绍服装的时候要表达清晰、描述准确，用词具有吸引力；还可以为短视频搭配合适的音乐
图片轮播	在短视频中展示服装图片或穿着服装的模特图片，搭配合适的音乐进行图片轮播，从而展示服装特点	图片要清晰、美观，音乐要与服装风格相适应
试穿讲解	由模特试穿服装，展示试穿效果，并详细介绍服装的设计细节	对服装设计细节的讲解要清晰、准确，可以为短视频搭配合适的音乐
卡点变装	配合适当的音乐，模特试穿服装，在短视频中不断地变换穿搭，从而展示不同的穿搭效果	在展示服装效果的过程中，模特可以多做些动作展示服装的设计细节
服装测评	模特试穿服装，并评价服装的试穿效果，向买家讲解试穿感受，评判服装的优缺点，为买家提供选购建议	可以选择一些"网红"类服装，也可以与买家进行互动，询问买家想要测评哪些服装
穿搭教学	针对某类人群讲解穿搭技巧	可以采用对比拍摄的手法，即短视频的前半段是模特穿着随意，不讲究穿搭的效果；短视频的后半段是模特运用穿搭技巧穿搭衣服
摆拍	摆拍包括街拍、店铺内摆拍和生活摆拍。街拍就是通过拍摄街道上穿搭具有特点的人来展现服装；店铺内摆拍就是卖家自己或者请模特在线下实体店铺内摆拍，展示服装的上身效果；生活摆拍主要是一些人在短视频中分享自己的饮食、聚会、旅行等日常生活场景，在这些不同的场景中展示自己的着装	① 通常选择模特出镜，要注意模特与服装的匹配度 ② 可以为短视频搭配与服装风格相符的热门音乐 ③ 短视频可以采取一镜到底、镜头切换的拍摄手法 ④ 模特在短视频中可以多做动作，多角度、全方位地展示服装的上身效果
展示生产过程	卖家可以选择在服装生产工厂进行拍摄，记录服装设计、制作的过程	在短视频中可以重点介绍和展示服装用料、制作工艺、生产过程中的操作等
展示销售过程	在短视频中展现服装的销售过程	销售过程分为线上销售和线下销售。展示线上销售过程，卖家可以截取直播中的某个片段，作为短视频进行发布；展示线下销售过程，卖家可以在短视频中展示买家购买服装的场景或者买家试穿服装的场景

② 食品类商品营销推广短视频内容策划。卖家在策划食品类商品营销推广短视频的内容时，要点如表 5-7 所示。

表 5-7　食品类商品营销推广短视频的内容策划要点

切入方向	主要内容设计	内容策划要点
展示食品制作工艺	在短视频中展示食品的制作过程、使用的工艺、使用的材料等，彰显食品的特点	短视频的画面构图、光线要合理
美食达人推荐	真人出镜，由美食达人在短视频中介绍食品的特点、试吃食品、评测食品或科普，并分享与该食品相关的知识	美食达人的推荐不要显得太官方，要自然、真诚，真实地描述食品的口味与特点等
分享食品的食用方法	在短视频中分享食品的吃法，或者介绍使用某款食品制作其他美食的方法，例如糕点的制作方法、婴幼儿辅食的制作方法、适合健身人士食用的美食制作方法等	要重点展示想要推荐的食品，在展示过程中可以介绍此款食品的特点

切入方向	主要内容设计	内容策划要点
食品试吃	拆开包装，向买家展示食品的外观并试吃食品，然后描述食品的口感	在试吃食品时的动作、表情要有感染力，能表现出食品的美味；在描述食品口感时，用词要形象、具体，能刺激买家产生食欲
原产地直拍	在短视频中直观地展示原生态的农产品，不做内容剪辑，主打真实感	可以让农户出镜解说农产品

5.3.4 直播营销推广

直播营销推广是指利用多种方法，吸引用户进入直播间，从而对用户进行营销推广。以下主要介绍抖音付费营销推广和快手付费营销推广两种方式。

1. 抖音付费营销推广

抖音直播常用的付费营销推广方式是"随心推"，"随心推"既可以直接加热直播间，也可以通过短视频加热直播间。主播可以在直播前使用"随心推"预先进行投放设置，也可以在直播中使用。利用"随心推"付费引流的具体操作步骤如下。

第一步：打开抖音 App，点击首页下方的"+"按钮，在打开的页面中选择"开直播"选项，然后点击"随心推"，如图 5-27 所示。

第二步：在打开的页面中，选择加热方式，如图 5-28 所示。

图 5-27　点击"随心推"

图 5-28　选择加热方式

第三步：设置"推广设置""我希望提升""期望曝光时长""投放人群"等信息，如图 5-29 所示。

第四步：设置完成后，点击"支付"按钮，即可完成"随心推"付费引流。

2. 快手付费营销推广

在快手平台直播时，主播可以使用"上热门"增加直播间的流量，可以在开播前设置，也可以在直播过程中设置。在快手开播前设置付费营销推广的具体操作如下。

第一步：打开快手 App，点击首页的"+"按钮，打开直播页面，点击"上热门"，如图 5-30 所示。

图 5-29　设置投放信息

图 5-30　点击"上热门"

第二步：根据需求选择推广模式，如"自定义推广"，如图 5-31 所示。

图 5-31　选择推广模式

第三步：设置"希望提升""推广设置""投入金额""出价方式""投放内容""推广给谁""推广多久"等信息，如图 5-32、图 5-33 所示。

图 5-32　自定义推广模式设置（1）　　　图 5-33　自定义推广模式设置（2）

第四步：设置完成后，点击"立即支付"按钮，即可完成"上热门"付费引流。

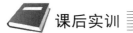课后实训

"天天特价"淘宝活动推广

随着淘宝店铺间竞争的日益加剧，参加淘宝平台举办的各种活动，成为店铺成长的必备手段。"天天特价"作为店铺运营中不可缺少的营销手段，不仅能为店铺带来更多的流量、人气和销量，还能帮助店铺积累客户源。本实训以"天天特价"活动为例，学习参加活动的详细流程。淘宝"天天特价"是针对小卖家开展的营销活动，也是买家享受优惠的地方，请同学们收集并整理"天天特价"对店铺和报名商品的要求，并参加"天天特价"活动。以小组为单位形成汇报文档进行分享。

复习思考题

一、填空题

1．在日常的网店运营中，促销活动一般包括店铺、_____以及第三方平台的促销活动。

2．淘宝聚划算是_____的一种形式，是由淘宝网官方开发并组织的一种线上团购活动，日访客过千万。

3．网店营销工具是指_____的工具。

4．直通车是网店推广的得力助手，具有广告位极佳、_____和按效果付费等优势。

5．_____是淘宝网为使钻石展位获取高端流量而打造的品牌宣传类商业产品。

二、判断题

1．一般而言，聚划算平台会在商品报名后的 3 个工作日内完成商品的审核。（　　　）

2．淘金币是淘宝平台为淘宝卖家量身打造的免费网店营销工具，卖家可以通过淘金币账户赚取淘金币，给买家发淘金币，打造网店专属的自运营体系，提高买家黏性与成交转化率。（　　　）

3．微信个人账号营销主要是指商家通过微信个人朋友圈发布一些碎片化、即时的状态来传达店铺或商品的信息，通过朋友圈的频繁互动来拉近与消费者的距离。（　　　）

4．明星店铺是钻石展位的增值营销服务，对所有钻石展位商家开放。（　　　）

5．淘宝客是专为淘宝商家服务的营销推广工具。（　　　）

三、简答题

1．简述淘系官方促销活动类型。

2．简述淘系官方促销活动准备工作。

3．简述聚划算活动报名要求。

4．简述微博营销推广的技巧。

5．简述直播预热引流的常见方式。

第6章　网店物流与包装管理

章首导学

学习目标

1	知识 目标	❖ 了解国内主要的快递公司 ❖ 了解商品包装的作用 ❖ 了解包装材料的选择 ❖ 了解包装时的具体要求 ❖ 了解不同商品的包装技巧
2	技能 目标	❖ 掌握服务商的设置 ❖ 掌握运费模板的设置 ❖ 掌握地址库的设置 ❖ 掌握商品包装设计的原则与策略
3	素养 目标	❖ 培养时间观念，做到守时诚信

6.1　网店物流方式的选择

　　物流是保证生产正常进行的必要条件，它使上一步生产活动能顺利进行到下一步生产活动。选择合理的物流方式是加快资金周转、节约流通费用、提高经济效益的有效途径。有了物流作为保证，就可以免除加班起工的费用，避免增加紧急采购的成本。

6.1.1　国内主要的快递公司

　　物流是国民经济的重要组成部分，也是我国经济发展新的增长点。很多卖家刚刚接触网店运营时，对物流的认识不够，不知如何选择物流方式，即使有大量订单也因为运输问题增加了运输成本。以下将介绍国内主要的快递公司，从而可以让卖家选择合适的物流方式。

1. 顺丰速运

　　1993年，顺丰速运（以下简称顺丰）诞生于广东顺德。经过多年发展，顺丰已成为优质的快递物流综合服务商。顺丰秉承"以用户为中心，以需求为导向，以体验为根本"的产品设计思维，聚焦行业特性，从客户应用场景出发，深挖不同场景下客户端到端全流程接触点需求及其他个性化需求，设计适合客户的产品服务及解决方案，持续优化产品体系与提高服务质量。同时，顺丰利用科技赋能产品创新，形成行业解决方案，为客户提供涵盖多行业、多场景、智能化、一体化的智慧供应链解决方案。

顺丰围绕物流生态圈，横向拓展多元业务领域，纵向完善产品分层，满足不同细分市场需求，覆盖客户完整供应链条。经过多年发展，依托于公司拥有的覆盖全国和全球主要国家及地区的高渗透率的快递网络，顺丰能够为客户提供贯穿采购、生产、流通、销售、售后的一体化供应链解决方案。同时，作为具有"天网+地网+信息网"网络规模优势的智能物流运营商，顺丰拥有对全网络强有力管控的经营模式。

2．圆通速递

圆通速递有限公司（以下简称圆通速递）创立于 2000 年 5 月 28 日，目前已发展成为一家集快递物流、科技、航空、金融、商贸等于一体的综合物流服务运营商和供应链集成商。

2016 年 10 月，圆通速递在行业内率先上市。截至 2022 年年底，圆通速递全网拥有分公司 5100 多家，服务网点和终端门店 7 万多家，各类转运中心 133 个，员工 45 万余人。

3．申通快递

申通快递品牌初创于 1993 年，公司致力于民族品牌的建设和发展，不断完善终端网络、中转运输网络和信息网络三网一体的立体运行体系，立足传统快递业务，全面进入电子商务领域，以专业的服务和严格的质量管理推动中国快递行业的发展。经过多年的发展，申通快递在全国范围内形成了完善、流畅的自营快递网络。2016 年 12 月 30 日，申通快递在深交所上市。

4．中通快递

中通快递创建于 2002 年 5 月 8 日，是一家以快递为核心业务，集跨境运输、快运、商业、云仓、航空、金融、智能、传媒、冷链等生态板块于一体的综合物流服务企业。中通快递在行业内率先开通跨省网络班车、实施并完善有偿派送机制、优化二级中转费结算体系、推出全国网络股份制；率先成立网络互助会、中通大家园并实施"亲情 1+1"等福利政策。

5．百世快递

百世快递成立于 2003 年，总部位于杭州，阿里巴巴为最大股东，业务范围很广，与世界 200 多个国家和地区都有业务来往。

百世快递是百世集团旗下知名快递品牌，2010 年 10 月成为百世集团一员，以信息化、自动化建设为核心能力，在国内率先运用信息化手段探索快递行业转型升级之路，综合实力位居行业前列。目前，百世快递正通过深度的物流网络覆盖、升级自动化设施，以及逐渐完善的客服体系，努力打造更高效、服务更优质的快递网络，为客户、合作伙伴创造更多价值。

6．韵达速递

上海韵达货运有限公司（以下简称韵达速递）创建于 1999 年 8 月 8 日，总部位于上海，致力于成为领先的综合快递物流服务商。韵达速递以快递业务为主业，同时还包括供应链、冷链等丰富的周边产品线，持续努力打造综合快递物流服务。

6.1.2　快递公司的选择

对网店运营来说，物流是非常重要的环节，物流速度的快慢、服务态度的好坏都会对店铺的盈利造成直接影响，所以快递公司的选择尤为重要。

1. 选择快递公司应考虑的因素

电子商务的快速发展带动了物流行业的发展，现在的物流服务不仅范围越来越广，企业也越来越多，且良莠不齐。在这个复杂的物流环境中，商家在初期选择快递公司时一定要十分慎重，需要对快递安全性、快递价格、发货速度、服务质量等因素进行综合考虑。

① 快递安全性。快递安全性是商家必须考虑的问题，丢件、物品破损等情况会严重损害店铺的服务质量，引起消费者的强烈不满。为了保证商品的安全性，贵重物品可以选择 EMS 并进行保价，从而保障货主的利益。在选择其他快递服务时，商家要有购买保险的意识，同时需要了解理赔服务内容。此外，商家还可对物品进行保护包装，在包装箱上标注"易碎""轻放"等，叮嘱快递公司注意保护等。若选择的快递公司不靠谱，消费者和商家的个人信息容易遭到泄露，从而被不法分子利用。

② 快递价格。快递价格与经营成本息息相关，为了降低成本，很多商家愿意优先选择价格更低的快递服务。但商家也不能一味以低价为标准，如果低价的物流服务以物流质量低为代价，那么商家将得不偿失，因此须对快递公司进行综合考量。快递费用一般按重量计算。

③ 发货速度。在网上进行购物的消费者，通常都对物流的速度非常在意。如果店铺的物流速度快，就很容易赢得消费者的好感，进而提高消费者的忠诚度；反之，则容易引起消费者的不满甚至投诉。商家一定要注意快递的发货速度，首先保证自己发货的速度要快，其次快递揽件并运送的速度也要快。快递公司在不同地区的各个网点一般都采用独立核算的方式，因此不同地区的快递网点，其服务质量、速度等可能有所不同，商家应该考察并对比发货速度，选择发货速度快的网点。除了"双十一"大促等特殊时期，淘宝网要求商家应在消费者下单后 72 小时内完成发货，否则商家有可能因消费者投诉而被淘宝网处罚。

④ 服务质量。服务质量也是商家挑选快递公司的标准之一。快递行业作为服务行业，应该具备服务意识，遵守服务行业的准则。质量好的快递服务会给消费者带来舒适的购物体验。

2. 选择快递公司的建议

商家应该如何快速有效地选择快递公司？如何少走弯路，避免损失呢？下面给出一些建议。

① 尽量选择直营模式的快递公司。一般来说，直营模式的快递公司的经营管理比较规范，能够保障货物安全送达。而通过加盟的方式成立的快递公司由于加盟条件宽松、自身的经营管理不规范，很容易产生一些疏于管理、信誉较差的站点，甚至严重影响寄件人的货物安全。

② 尽量选择本地正规注册的规模较大的快递公司。一般而言，本地的快递公司为了打造本公司在当地的良好口碑，对索赔的事件会快速解决。同时，其取件的效率也较高。

③ 尽量选择网点多的快递公司。在淘宝网上购物的消费者遍布大江南北，如果消费者购买了自己的商品而快递无法送达就比较麻烦，因此选择网点多的快递公司很有必要。为了保证发货的速度，商家也可选择与多家快递公司同时合作。

④ 尽量选择使用靠谱工具取件的快递公司。快递公司的业务员主要是通过 3 种交通工具取件，即电瓶车、电动三轮车和货车。商家一般应选择以货车取货的快递公司，因为此类公

司实力较强。若店铺出货量较小，快递人员用电瓶车取货也属正常。

⑤ 尽量选择快递单条形码清晰、明确的快递公司。选择快递单条形码清晰、明确的快递公司可以避免条形码难以扫描，或扫描出来的数字和印刷出来的数字不符等情况，这种情况有可能会造成这一单货物因为对不上号而丢失，或造成重码，即两套单甚至几套单的条形码相同，从而导致货物发错地方或者丢失。

⑥ 尽量选择赔偿金额高且保价率低的快递公司。虽然丢件或货物损坏的情况比较少，但对一些利润少的商家而言，丢件会导致利润降低甚至消失，因此商家需要慎重选择，尽量选择赔偿金额高且保价率低的快递公司。保价率低的快递公司一般信誉较好。

6.2 物流工具的设置

在经营网店时，物流工具设置必不可少。物流工具可以帮助商家灵活设置不同地区、不同产品件数或重量收取不同运费，商家也可以按照营销活动设置包邮促销等。

6.2.1 服务商的设置

以淘宝网的店铺为例，卖家需要在千牛商家工作台进行服务商设置，具体操作步骤如下。

第一步：打开"千牛商家工作台"页面，在"交易"栏中"物流管理"下选择"物流工具"选项，如图 6-1 所示。

图 6-1 选择"物流工具"选项

第二步：单击"服务商设置"，选择相应服务商，单击"开通服务商"按钮。开通后页面将显示已开通的服务商，如图 6-2 所示。

图 6-2　开通服务商

6.2.2　运费模板的设置

由于店铺消费者来自各个不同地区，而不同地区的快递服务费用通常有所差别，因此商家需要对运费模板进行设置，从而对不同地区的运费进行区分。下面介绍淘宝网中运费模板的设置方法，具体操作过程如下。

第一步：打开"千牛商家工作台"页面，在"交易"栏中"物流管理"下选择"物流工具"选项，然后单击"运费模板设置"，如图6-3所示；打开运费模板设置页面后单击"新增运费模板"按钮。

图 6-3　单击"运费模板设置"

第二步：打开"新增运费模板"页面，如图 6-4 所示；填写"模板名称"，卖家可以设置多个运费模板以便区分，比如针对家纺产品，可以填写"家纺的运费"，针对首饰，可以填写"首饰的运费"。

图 6-4 "新增运费模板"页面

第三步：根据实际情况填写"发货地"、设置"是否包邮""计价方式""运送方式"。其中"运送方式"有 4 个选项：快递、同城配送、EMS、平邮。以快递为例，选中"快递"复选框，展开列表如图 6-5 所示。设置默认运费，除了指定地区之外都将使用这个运费。根据物流的费用情况，设置超出默认运费对应重量之外的运费。如需要为指定地区设置不同的运费，单击"为指定地区城市设置运费"就会弹出地区运费列表，如图 6-6 所示。单击"编辑"，选中要设置的地区的复选框，单击"保存"按钮，最后填上价格即可。

图 6-5 运送方式设置

图 6-6　指定地区城市运费设置

在运费模板最下方，有一个"指定条件包邮"复选框，有些客单价比较低的行业，可以设置包邮条件，比如满多少元包邮，从而刺激消费者多买。最后单击"保存并返回"按钮。

可根据不同快递公司的价格设置多个运费模板，在发布商品时选择对应的运费模板即可。

6.2.3　地址库的设置

地址库即商家的地址，商家发货或消费者申请退货时需要商家的地址。设置地址库的具体操作如下。

在"千牛商家工作台"页面的"交易"栏中"物流管理"下选择"物流工具"选项，然后单击"地址库"，在"添加新地址"对话框中，设置商家地址，然后单击"确定"按钮，如图 6-7 所示。

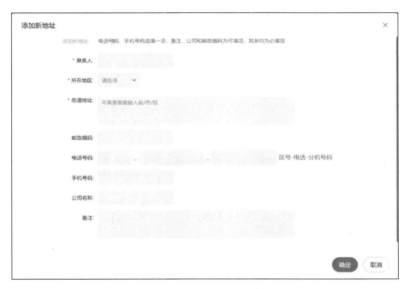

图 6-7　设置地址库

6.3　商品包装

商品包装是指对商品实施装箱、装盒、装袋、包裹、捆扎等活动。商品包装有两方面含义：其一，包装是指为商品设计、制作包扎物的活动过程；其二，包装专指包扎物。一般来说，商品包装包括商标或品牌、形状、颜色、图案和材料等要素。在现代营销中，以保护产品为主的传统包装观念早已被突破，包装被赋予了更多的意义，已成为产品策略的重要因素，兼具识别、美化、促销和增值功能。

6.3.1 商品包装的作用

卖家为商品提供的包装直接决定了买家看到商品后产生的第一感受。细节决定成败，用心的包装更容易赢得买家的好评。

1. 保护商品

保护商品是包装最基本和最重要的功能之一。在产品运输、储存过程中，商品难免会受到一定的冲击、震动及受潮、虫害等外部环境的侵袭，如包装不到位，商品就会在运输、储存过程中受损。商品的特殊性使其对包装的保护功能要求非常严格，商品包装还必须要保护商品的品质和鲜度。

2. 方便物流

商品在流通过程中，要经历多次运输、装卸搬运、储存，好的包装可以提高仓库的利用率，提高运输工具的装载能力，还能方便消费者携带。

3. 促进销售

包装是商品的无声推销员，能够促进商品销售。在商品质量相同的情况下，精致、美观、大方的包装可以激发消费者的购买欲望。商品包装往往决定消费者对商品的第一印象。

6.3.2 商品包装设计的原则与策略

1. 商品包装设计的原则

"人要衣装，佛要金装"，商品要包装。重视包装设计是企业市场营销活动适应竞争需要的理性选择。一般来说，包装设计应遵循的原则如表 6-1 所示。

表 6-1　包装设计应遵循的原则及要点说明

包装设计应遵循的原则	要点说明
保证安全	保证安全是商品包装最核心的作用之一，也是最基本的设计原则之一。在包装活动过程中，包装材料的选择及包装的制作必须适合商品的物理、化学、生物性质，以保证商品不损坏、不变质、不变形、不渗漏等
便于运输、保管、陈列、携带和使用	在保证商品安全的前提下，应尽可能缩小包装体积，以利于节省包装材料和运输、储存费用。商品包装的造型要符合货架陈列的要求。此外，包装的大小、轻重要适当，以便于携带和使用
美观大方，突出特色	商品包装应具有美感。富有个性、新颖别致的包装更易引发消费者的购买欲望
包装价值与商品价值和质量水平相匹配	包装价值不宜超过商品本身价值的 13%～15%。若包装价值在商品价值中所占的比重过大，会产生名不副实之感，使消费者难以接受；相反，价高质优的商品自然也需要高档包装来衬托商品的贵重
尊重消费者的信仰和风俗习惯	在包装设计中，应该深入了解消费者特性，根据不同国家或地区的信仰和风俗习惯设计不同的包装，以适应目标市场的要求。切忌出现有损消费者情感、容易引起消费者反感的颜色、图案和文字
符合法律规定	包装设计作为企业市场营销活动的重要环节，在实践中必须严格依法行事。例如，应按法律规定在包装上注明企业名称及地址，标明生产日期和保质期等
绿色环保	包装设计还应兼顾社会效益，避免使用有害材料，注意尽量减少包装材料的浪费，节约社会资源，严格控制废弃包装对环境的污染，实施绿色包装策略

此外，包装还要与产品价格、渠道、广告促销等其他营销要素相配合，并满足不同运输商和分销商的特殊要求。

2. 商品包装的策略

可供企业选择的商品包装策略主要有以下 7 种。

（1）类似包装策略

类似包装策略是指企业生产经营的所有商品，在包装外形上都采取相同或相近的图案、色彩等，使消费者通过类似的包装联想到这些商品属于同一企业，具有同样的质量水平。类似包装策略不仅可以节省包装设计成本，树立企业整体形象，扩大企业影响，还可以充分利用企业拥有的良好声誉，消除消费者对新商品的不信任感，进而有利于带动新商品销售。类似包装策略适用于质量水平相近的商品，但由于其容易对优质商品产生不良影响，所以对大多数不同种类、不同档次的商品一般不宜采用这种包装策略。

（2）等级包装策略

等级包装策略是指企业对自己生产经营的不同质量等级的商品分别设计和使用不同的包装。显然，这种以商品等级来设计包装的策略可使包装质量与商品品质等级相匹配——对高档商品采用精致包装，对低档商品采用简易包装。其做法满足了不同需求层次消费者的购买心理，便于消费者识别、选购商品，从而有利于提高销售量。该策略的实施成本高于类似包装策略。

（3）分类包装策略

分类包装策略是指根据消费者购买目的的不同，对同一种商品采用不同的包装。例如，若商品用作礼品赠送亲友，则可精致包装；若购买者自己使用，则可简单包装。

（4）配套包装策略

配套包装策略是指企业将几种有关联性的商品组合在同一包装内的策略。这种策略能够节约交易时间，便于消费者购买、携带与使用，有利于提高销售量，还能够在将新旧商品组合在一起时，使新商品顺利进入市场。但在实践中，需注意市场需求的具体特点、消费者的购买能力和商品本身的关联程度，切忌任意搭配。

（5）再使用包装策略

再使用包装策略是指包装在被包装的商品消费完毕后能移做他用的策略。常见的果汁、食用油等的包装即属此种。这种包装策略增加了包装的用途，可以刺激消费者的购买欲望，有利于扩大商品销售规模，同时也可使带有商标的包装在再使用过程中起到延伸宣传的作用。

（6）附赠品包装策略

附赠品包装策略是指在包装内附有赠品以诱发消费者重复购买的策略。包装中的附赠品可以是小挂件等实物，也可以是奖券。该包装策略可吸引消费者重复购买。这也是一种有效的营销推广方式。

（7）更新包装策略

更新包装策略是指企业包装策略随着市场需求的变化而改变。若一种包装策略无效，企业便可以根据消费者的要求更换包装，实施新的包装策略，改变商品在消费者心目中的地位，从而提升企业声誉。

6.3.3 包装材料的选择

卖家要懂得选择适合所售商品的包装材料，并打包牢固，这样才能降低商品在运输过程中被损坏的概率，尽量保证商品送达买家手中时是完好无损的。包装主要包含以下 3 种。

1. 内包装

内包装是直接接触商品的那层包装。一般情况下，商品出厂时会自带一层包装，卖家在不损坏商品的前提下，可以直接使用商品的自带包装。如果商品没有自带包装，卖家可以使用自封袋、热收缩膜等作为商品的内包装。内包装的类型及要点说明如表 6-2 所示。

表 6-2　内包装的类型及要点说明

内包装的类型	要点说明
自封袋	自封袋作为内包装，其主要作用是防潮、防水，还能有效地避免商品的散落。自封袋适合包装小件的、容易散落的商品，如邮票、明信片、化妆品、小饰品、小件零食等
热收缩膜	热收缩膜就是遇热就收缩的薄膜，其主要作用是稳固、遮盖和保护商品

2. 中层包装

中层包装是指在外包装和内包装之间，用来填充两者之间的空隙，主要起防震、防水、防潮、防腐蚀等作用的填充物。中层包装多为具有一定形状的物品，主要有 4 种，如表 6-3 所示。

表 6-3　中层包装的类型及要点说明

中层包装的类型	要点说明
气泡膜	气泡膜具有很好的防震、抗摔作用，非常适合包装比较脆弱的商品，能够有效降低商品在物流搬运过程中发生损坏的概率
珍珠棉	卖家使用珍珠棉包装玻璃制品、手机、数码相机等商品，可以起到预防刮花和防潮的作用，也可以在一定程度上达到减震的效果。珍珠棉有薄有厚，薄的可以用来包裹商品，厚的可以分割使用，也可以制作成模具，具有泡沫塑料的效果
泡沫塑料	泡沫塑料一般是一些成型的模具，主要用于固定商品。泡沫塑料适合包装一些大件的或者比较脆弱的、怕碰怕摔的商品，例如家电类商品的中层包装就会使用泡沫塑料
废报纸	用废报纸充当填充物是一种很实用的办法，能够达到很好的防震、防潮的效果。在成本方面，废报纸具有上述几种材料都无法比拟的优势。但废报纸只适合包装中小型商品，不适合包装大件商品

3. 外层包装

外层包装就是买家在收到包裹后第一眼看到的包装，如包装袋、纸箱、包装纸等，如表 6-4 所示。

表 6-4　外层包装的类型及要点说明

外层包装的类型	要点说明
包装袋	包装袋一般有布袋、编织袋及复合气泡袋 3 种
纸箱	纸箱是常见的一种包装方式，能让商品的包装看起来更显档次，也能降低商品被损坏的概率
牛皮纸	有些卖家销售的是印刷品，那么可以使用牛皮纸或者牛皮信封作为商品的外层包装。牛皮纸比牛皮信封更厚，是书类包装的好选择

6.3.4 包装时的要求

对网店来说，商品包装是提升客户购物体验的一个重要细节。在包装商品时，卖家需要注意两点：包装的完整性和包装的营销性。

1. 包装的完整性

包装的完整性是指经过包装的商品在送到买家手中时，商品的外观、商品的质量等要和商品信息描述相同，这就要求卖家保证商品包装结实、完整，以免商品在长途运输过程中被损坏。

2. 包装的营销性

除了商品本身的完整性，精致的包装会进一步增加买家对商品和店铺的好感。如果商品包装敷衍，买家收到商品时可能会留下较差的印象，甚至给出负面评价。

对许多追求极致体验的卖家来说，他们对商品包装的要求从来不限于包装的完整性，美化商品包装的外观、包装内附赠品等都是提升客户体验的方式。

某品牌拥有独具特色的精美包装箱，并利用包装箱输出其品牌信息。例如，在包装箱上标明品牌名称、包装箱的颜色为品牌商品的代表色等，这些设计承担着品牌信息输出的任务。

6.3.5 不同商品的包装技巧

为了保证商品的完整性，减少因物流而产生的纠纷和损失，卖家在进行商品包装时需要考虑商品的特性，针对不同的商品采取不同的包装方式。

1. 易变形、易碎商品

常见的易变形、易碎商品有化妆品、玻璃制品、陶瓷制品等。针对这类商品，卖家可以选择使用报纸、泡沫塑料或者泡沫网等作为内包装，因为这些包装材料重量轻且能起到一定的防震作用。

另外，在将易变形、易碎商品放入包装箱后，卖家可以在商品的周围用泡沫网、泡沫块等填充物充分填充包装箱，以缓冲商品在包装箱内的晃动。包装完成后，卖家可以在最外面的包装上贴上"易碎"标签，提醒快递人员轻拿轻放。

2. 电子类商品

如果是比较贵重的精密电子类商品，如手表、手机、相机等，卖家可以先将商品用防静电袋、气泡膜等材料包装好，然后使用瓦楞纸将商品边角或容易磨损的地方保护起来。将商品装入纸箱后，再用报纸、海绵、泡沫塑料等材料将纸箱空隙填满，以减轻商品在纸箱内的晃动。

3. 食品类商品

食品类商品的包装要做到干净、抗挤压。无论是用来装食物的袋子，还是外层包装使用的纸箱，都要保证干净卫生。如果将食品装在一个脏兮兮的纸箱中，不仅会影响买家的食欲，还会让买家对食品的卫生安全问题产生怀疑。

4. 首饰类商品

一般来说，首饰类商品需要附送首饰袋或首饰盒。如果是比较贵重的首饰，商品内包装可以使用专门的首饰盒，商品的中层包装可以选择使用3层的12号纸箱。为了避免运输过程中的不确定因素对商品造成不良影响，如其他液体类商品泄漏导致自己的商品被影响或被浸泡，卖家可以使用宽胶带将商品的外包装封好，在中层包装和外层包装之间要用泡沫塑料等物品进行填充，以减小撞击对商品造成的影响。

5. 液体类商品

液体类商品有独特的包装方法：先将商品用棉花裹好，然后用胶带缠好，再在外层包一层塑料袋，最后将商品装入纸盒中。这样在运输中即使有液体漏出来，泄漏的液体也会被棉花吸收；同时又有塑料袋的保护，不会让液体流到纸盒外面污染其他包裹。

6. 皮包、衣服、帽子类商品

如果是皮包类商品，卖家可以先用牛皮纸、白纸等将商品单独包好，防止商品污损，然后再用一层塑料袋包装商品，用来防潮，最后将商品放在纸盒中。如果是衣服、帽子类商品，卖家要先用防水塑料袋将商品装好，再将商品放入纸盒或者袋子中。

 课后实训

物流查询

小张在淘宝网上给爷爷买了一顶草帽，当付款完成之后，卖家需要与小张核实收件地址等信息，以确保信息无误。当核实无误之后，卖家就可以进行发货处理了。小张迫不及待地想要自己买的草帽马上到手，实时地跟踪物流信息。请你为小张讲述一下如何进行物流查询。

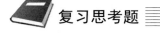 复习思考题

一、填空题

1. 物流是_____的重要组成部分，也是我国经济发展新的增长点。

2. 除了"双十一"大促等特殊时期，淘宝网要求商家应在消费者下单后_____小时内完成发货，否则商家有可能因消费者投诉而被淘宝网处罚。

3. 商品包装是指对商品实施装箱、装盒、装袋、包裹、_____等活动。

4. 分类包装策略是指根据消费者_____的不同，对同一种商品采用不同的包装。

5. 对皮包类商品，卖家可以先用牛皮纸、白纸等将商品单独包好，防止_____，然后再用一层塑料袋包装商品，用来防潮，最后将商品放在纸盒中。

二、判断题

1. 圆通速递创立于2000年7月28日，目前已发展成为一家集快递物流、科技、航空、金融、商贸等于一体的综合物流服务运营商和供应链集成商。（　　　）

2. 保护商品是包装最基本和最重要的功能之一。（　　　）

3．保证安全是商品包装最核心的作用之一，也是最基本的设计原则之一。（   ）

4．在包装商品时，卖家只要注意包装的完整性即可。（   ）

5．为了保证商品的完整性，减少因物流而产生的纠纷和损失，卖家在进行商品包装时需要考虑商品的特性，针对不同的商品采取不同的包装方式。（   ）

三、简答题

1．简述选择快递公司应考虑的因素。

2．简述选择快递公司的建议。

3．简述商品包装的作用。

4．简述商品包装设计的原则。

5．简述商品包装的策略。

第7章 网店客服与管理

章首导学

学习目标

1	知识 目标	❖ 了解网店客服的工作特点 ❖ 了解网店客服的工作职责 ❖ 了解客户识别的内容
2	技能 目标	❖ 掌握网店客服应具备的基本素质 ❖ 掌握客户运营平台及应用 ❖ 掌握淘宝群运营
3	素养 目标	❖ 弘扬爱岗敬业和诚信经营的职业精神

7.1　网店客服基础知识

电子商务行业的高速发展，网络交易平台间的竞争日趋激烈，常用的拼价格、比质量的销售方式已经不能满足客户的需求，在这样的背景下诞生了"网店客服"这个岗位。随着网络交易的蓬勃发展，网店客服日益成为网店运营中不可或缺的中坚力量。

7.1.1　网店客服的工作特点

网店客服工作主要有工作语言的重要性、工作内容的重复性、服务对象的多样性和流动性，以及软件操作的熟练性4个特点。

1. 工作语言的重要性

网店客服通常只能通过图片和文字传达信息。网店客服与顾客的一切交流都只能通过平台聊天工具进行，没有了表情动作的辅助，文字就显得特别重要。而对于网店客服说什么样的话、如何说话都是有严格要求的。一些形成规模的网店有统一的话术。话术就是网店客服工作语言规范性的表现形式。

使用规范性的工作语言好处很多：首先，可以让顾客感受到店铺专业、规模化的服务；其次，规范性的工作语言是经过筛选和修改的，能够降低网店客服的出错率；最后，规范性的工作语言也能减轻网店客服的工作负担。

2. 工作内容的重复性

网店客服平均每天要接待 50～200 位顾客，大家咨询的问题不尽相同却也免不了重复。顾客大致会针对产品质量、产品尺寸、优惠情况、包邮情况、图片实拍、退货处理 6 类问题咨询网店客服，网店客服面对这些重复性极高的问题要耐心解答，不能出现情绪化问题。有经验的网店客服会针对这些重复性极高的问题设置统一的回复方式，一方面可以减少自己的工作量，另一方面可以降低工作错误率。

3. 服务对象的多样性和流动性

与传统的实体店客服相比，网店客服的服务对象更加具有多样性和流动性。例如，同样是女装店，光顾实体店的顾客大多是适龄女性，方便接触实物和试穿；而网店却不尽然，网店的商品无法试穿，只能根据图片等信息进行选择，购买的顾客除了适龄的女性，还可能是其男朋友、老公。同时网店的商品基本上是面对所有地区的，服务对象遍布五湖四海，他们各有特色，各有需求，合格的网店客服一定要善于在短时间的接触中快速准确地抓住服务对象的特点，进行推荐和销售。

服务对象的强流动性也是网店客服面临的一个问题。在电子商务蓬勃发展的今天，网店销售的商品同质化越来越严重。网络购物的人很少刻意去找某家店卖的商品，其只需要搜索关键字，就会出现无数商品，然后再按自己的喜好购买。在这样的购物模式下，商家除了要做好商品外，还必须让自己的网店客服做出自己的特色，这样才不容易被顾客遗忘，并达到让顾客成为回头客甚至带来更多顾客的效果。

4. 软件操作的熟练性

与实体店客服处理销售订单不同的是，网店客服对销售订单的处理都是通过网页、软件来完成的，所以网店客服必须要掌握一些软件技能。那么都有哪些软件技能？例如，订单软件的应用、发货软件的使用等，这些都是网店客服应该掌握的技能，而且网店客服在日常的工作中应该不断熟悉这些软件，以提高自己的工作效率。

7.1.2　网店客服的工作职责

在电子商务中网店客服是能够跟客户直接沟通的岗位，融洽的沟通可以给客户带来舒适的购物体验；网店客服还可以帮助网店赢得客户的信赖和支持，为网店带来源源不断的效益。

1. 客户沟通

每天通过千牛等聊天工具与客户进行线上沟通，或者通过打电话、发邮件等形式与客户进行直接交流、沟通。

2. 销售商品

根据自己掌握的商品知识，结合客户的需求，运用适当的销售技巧，把对的商品卖给对的人，做到成功销售。

3. 解决客户问题

从专业的角度为客户解决交易过程中遇到的各方面问题，如商品问题、物流问题、支付问题等。

4. 后台操作

后台操作包括交易管理、商品管理、评价管理、会员关系管理，以及举报投诉处理等相关事宜的备注及操作。

5. 客户信息收集

收集客户信息，了解并分析客户需求，为店铺的老客户维护和老客户营销提供可靠的依据。

6. 问题的收集与反馈

对客户提出的有关商品及店铺服务等方面的意见和建议进行收集整理，并反馈给相关岗位。

7. 客户回访

定期或不定期进行客户回访，以检查客户关系维护的情况，建立客户档案、质量跟踪记录等售后服务信息管理系统，负责发展和维护良好的客户关系。

7.1.3 网店客服应具备的基本素质

一个合格的网店客服应具备一些基本素质，如心理素质、品格素质、技能素质及其他素质等。

1. 心理素质

网店客服在工作的过程中，有时会遇到很多问题，承受各种压力、挫折，因此，网店客服必须要具备良好的心理素质，只有这样才能胜任网店客服工作。合格的网店客服要有：挫折打击的承受能力、情绪的自我掌控及调节能力，以及积极进取永不言败的良好心态。

2. 品格素质

① 爱岗敬业。要想成为一名优秀的网店客服，就要认真工作，兢兢业业做好每一件事。

② 忍耐与宽容是网店客服的一种美德。

③ 谦和的服务态度是赢得客户满意的重要保证。

④ 不轻易承诺，真诚对待每一位客户。

⑤ 遇到问题主动解决，不逃避，勇于承担责任。

3. 技能素质

① 高超的语言沟通技巧。网店客服应该具备良好的语言表达能力和谈判技巧，以及敏锐的观察力和洞察力，只有这样才能更好地分析客户的心理和需求。只有清楚了解了客户的心理和需求，才可以有针对性地对其进行服务。具备良好的沟通技巧，是保证交易顺利完成的关键。许多交易失败都是买卖双方沟通不畅导致的。不管是交易前还是交易后，都要与买家保持良好的沟通，这样不但可以顺利地完成交易，还有可能将新买家变为回头客。

② 丰富的专业知识及技能。网店客服要对店铺的产品有专业的了解，这样才能保证第一时间给客户最正确的回答，以免流失客户。因此，网店客服需要具备丰富的行业知识、经验及熟练的专业技能，从而能够协助电子商务部经理开展网络业务推广和市场开拓工作，负责网上商城的管理与客户服务，负责网上商城大型促销及推广工作。

4. 其他素质

① 要具有"客户至上"的服务观念。

② 要有对各种问题的分析解决能力。

③ 要有人际关系的协调能力。

④ 要具有自我调节、自我减压的能力。

7.2 网店客服营销过程中的服务

卖家在商品营销过程中为买家提供的服务就是客户服务，它在购物体验建设的过程中承担极其重要的责任。

7.2.1 售前服务

售前服务是引导性的服务，从客户进店咨询到拍下订单付款的整个过程都属于售前服务的工作范畴。售前服务的工作内容，主要包括售前准备、接待客户、推荐产品、解决异议、核实订单等。

1. 售前准备

售前准备阶段的工作内容主要包括 3 个方面，如表 7-1 所示。

表 7-1　售前的准备工作及要点说明

售前的准备工作	要点说明
熟悉产品，学会沟通技巧	熟悉产品信息，并掌握基本的交流、沟通方法是网店客服最基本的工作之一。特别是店铺上架新产品前，要接受相关的产品培训，以便快速为客户答疑解惑
了解活动，熟悉沟通工具	除了熟悉产品信息外，客服人员还要掌握店铺正在进行的活动，熟悉活动的运作方式，并根据实际情况为客户介绍，以引起客户的购物兴趣。另外，还要掌握基本的沟通工具的使用。目前淘宝平台中使用的交流、沟通工具为千牛
了解平台规则与注意事项	网购平台有其运行的规则，客服需要先了解清楚，以免触犯规则被处罚。同时作为一名专业的客服，对可以说什么、不可以说什么要做到心里有数，只有这样方能在不违规的情况下促进更多的订单成交

2. 接待客户

客服应该做好随时接待客户的准备，并时刻保持热情、耐心、周到的服务态度，反应要及时，不要客户提了好几个问题，才回答，也不要冷冰冰地回答，要通过一些语气词来尽量调动气氛，给予客户热情、真诚的服务。

3. 推荐产品

当客户咨询相关产品时，客服要从客户的语言中主动挖掘客户需求，专业、耐心地解答客户提出的问题。同时主动向客户推销产品，以产品的质量、卖点、优势等来打动客户，引起客户购物的欲望。并且在适当的时候，推荐与产品相关联的其他产品，做到二次营销。

4. 解决异议

当遇到疑难问题时，客服要通过自己的专业销售技巧来进行处理，并且始终保持着热情、耐心的态度。

5. 核实订单

客户在店铺中成功下单后，客服要仔细核实订单，并发送给客户确认，充分体现出服务水准，以及热情、周到的服务态度。

7.2.2 售中服务

售中服务的工作主要集中于物流订单的处理，贯穿从客户付款到订单签收的整个过程。其工作主要包括以下 4 个方面。

1. 订单确认及核实

下单后，客服第一时间与客户确认订单并核实信息，保证客户填写的信息正确无误，减小订单出错的概率。若发货后才发现客户姓名、地址或联系电话有误，应尽快与快递公司联系修改，以保证货物及时送到客户手中。

2. 装配商品并打包

确认订单无误后，应尽快装配商品并打包，做好商品的发货准备工作，保证商品能在第一时间到达客户手中。打包时要仔细检查商品与包装，避免商品出现瑕疵或者包装有问题。同时，还要细心核对客户信息与快递信息，特别是客户添加的备注信息，一定不要遗漏。另外，也不要出现装错货或者少装货的情况。

对于客户特别要求的事项，一定要仔细核实。例如客户由于快递收货不便而要求改发邮政，若客服不仔细，发成了别的快递公司，客户收到快递公司自提的要求后，可能会非常生气。因此，这个阶段一定要细心。

3. 发货并跟踪物流

做好商品装配与包装后，要及时通知物流公司揽货，并对订单进行发货处理，告知客户已经正常发货。发货后，需要实时跟踪商品的物流状态。若发生意外事件导致客户收货时间延迟，一定要事先与客户沟通，请求客户的谅解，并尽快与物流公司联系，尽快解决问题，保证客户顺利收到商品。

4. 提醒客户及时收货

当商品运输到客户所在城市后，客服可以以短信或旺旺消息的形式通知客户，商品已经到达所在城市，马上进行配送。当快递公司配送后，还要提醒客户及时收货，防止商品遗失。

当客户顺利收货后，若迟迟没有确认收货，可以稍加提醒，但不能生硬地要求客户确认收货。在这个过程中，可能会出现中、差评或投诉等问题。这时，客服需要冷静分析原因，尽最大能力给客户一个满意的答复，做到双赢。

7.2.3 售后服务

售后服务的质量是衡量网店服务质量一个很重要的方面，好的售后服务不仅可以提升网店的形象，还能留住更多老客户。图 7-1 所示为售后服务的工作内容，主要包括客户反馈问题处理，退换货、投诉处理和客户回访。

① 客户反馈问题处理。客户收到货物后，在使用过程中可能会出现某些问题。此时，客户一般会返回店铺，找到店铺客服进行反馈，或直接在评论中进行描述。若直接找到客服进行反馈，客服一定要认真对待，先安抚客户的情绪，再根据实际情况进行处理，尽量优先考虑客户的利益。

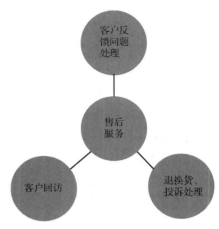

图 7-1　售后服务的工作内容

② 退换货、投诉处理。当客户提出退换货请求时，先了解客户退换货的原因。若是产品或物流等商家方面的原因，要及时同意客户的请求并详细告知客户退换货的流程和注意事项，帮助客户快速处理，保证其利益不受损。图 7-2 所示为退换货的工作流程。若客服遇到退换货问题，需要按照这个流程来处理。

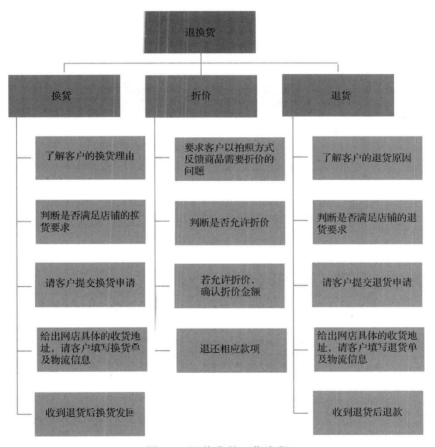

图 7-2　退换货的工作流程

③ 客户回访。售后工作还有一项重要的内容就是客户回访。客户回访可以增加客户的黏性，加深客户对店铺的印象。客服可以通过短信、邮箱、旺旺等方式进行回访。回访的内容不要是毫无技巧地推销，可以简单告知店铺的最新活动，吸引客户主动购物，或邀请客户参加店铺的产品质量调查，让客户感受到自身的重要性。

7.2.4 智能客服

智能客服是在大规模知识处理基础上发展起来的一项面向行业应用的技术，适用于大规模知识处理、自然语言理解、知识管理、自动问答系统、推理等领域。它不仅能为企业提供知识管理技术，还能够为企业提供精细化管理所需的统计分析信息。

网店中的智能客服工具，主要对网店客户的常见问题进行智能匹配回答，商家可以自动设置对客户常见提问的回复。智能客服机器人可以自动识别客户发送的商品链接，并智能分析客户语义，甚至可以识别颜色、身高、体重等，同时调取商品等数据，一键回复客户；也可以为客户提供智能咨询与导购服务，还可以辅助人工接待，人机紧密协同提高客服接待效率。以淘宝平台为例，卖家可以使用阿里店小蜜参与客服分流接待，具体内容及相关操作步骤如下。

1. 阿里店小蜜的注册

第一步：在"千牛商家工作台"页面左侧 "客服"栏中"接待管理"下选择"机器人"选项，如图 7-3 所示。

图 7-3　选择"机器人"选项

第二步：打开"机器人"页面，单击"启用官方机器人"按钮，如图 7-4 所示。

图 7-4　单击"启用官方机器人"按钮

第三步：设置高频问题的回答内容，如"下单后什么时候发货""发什么快递""从哪里发货"等，然后单击"回答完毕，进入机器人的使用"按钮，如图 7-5 所示。

图 7-5　设置高频问题的回答内容

第四步：开通成功，单击"开始使用机器人"按钮，如图 7-6 所示。

图 7-6　单击"开始使用机器人"按钮

2. 阿里店小蜜的服务模式

目前阿里店小蜜有全自动接待和智能辅助接待两种模式。

在全自动接待模式下，阿里店小蜜将为商家自动接待所有客户，其尤其适合在夜间无人或大促期间客流量暴增的时候开启，以确保客户的咨询能被及时回复。全自动接待模式的优势在于阿里店小蜜可以处理常规的、重复的咨询问题，而将复杂问题转给人工处理，从而提升客服的服务价值。

智能辅助接待模式以客服为回复主力，阿里店小蜜扮演辅助角色。在客服接待客户的过程中提供话术推荐，并自动回复客服尚未回复的客户咨询，适合在日常接待时使用，以提升客服的接待效率。

阿里店小蜜全自动接待模式用独立虚拟账号独立接待，不依赖人工账号；一旦开启立马生效，不用商家登录账号，也不用挂机。开启全自动接待模式的操作步骤如下。

第一步：进入阿里店小蜜后台管理首页，选择"店铺管理"下的"接待设置"选项，打开"全自动接待设置"页面，单击"设置"，如图7-7所示。

图 7-7　单击"设置"

第二步：在"开启全自动模式"对话框，选择"客户分流"—"高级设置"—"机器人配置"选项，可以看到有全店人工优先接待、全店机器人优先接待和混合模式3种接待方式，如图7-8所示。开启全自动接待模式后，原本的已关闭状态会变成所选的模式，并且立刻生效。设置完成后单击"保存"按钮。

图 7-8　3 种接待方式

3. 常见问答配置

常见问答配置包含全部知识、聊天互动、商品问题、活动优惠、购买操作、物流问题、售后问题、更多问题等。

常见问答配置的具体操作步骤如下。

第一步：进入阿里店小蜜后台管理首页，在左侧导航栏中选择"问答管理"下的"常见问答配置"选项，打开"全部知识"页面，如图7-9所示。

图7-9 "全部知识"页面

第二步：打开"答案编辑器"页面，针对客户咨询的问题编辑图文答案，如果有需要还可以添加表情以增强图文的说服力，完成后单击"确认"按钮，如图7-10所示。

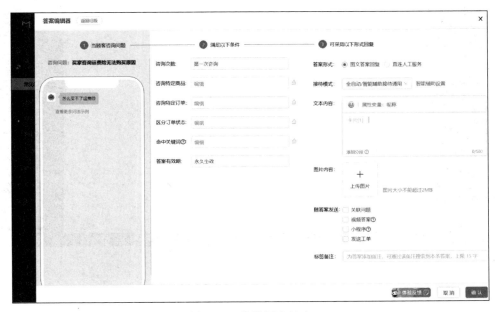

图7-10 编辑图文答案

第三步：编辑完答案后返回"全部知识"页面，打开"关联其他问题"对话框，单击"新增关联问题"，如图 7-11 所示。

图 7-11　单击"新增关联问题"

第四步：打开"关联知识编辑框"对话框，对各类问题进行编辑，最后单击"确定"按钮，如图 7-12 所示。

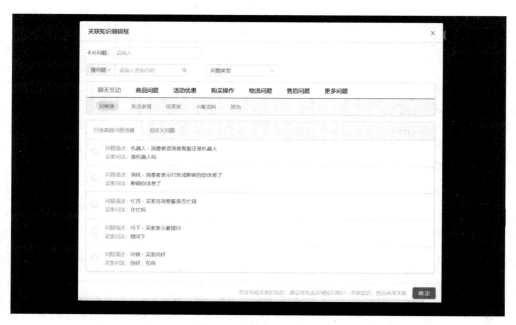

图 7-12　编辑关联问题

4. 订阅行业包

行业包是利用算法基于各行业海量的客户问题总结得出的专属于行业的高频问题。如果店铺售卖跨行业的商品，则可以订阅多个行业包。

订阅行业包的具体操作步骤如下。

第一步：进入阿里店小蜜后台管理首页，在左侧导航栏中选择"问答管理"下的"常见问答配置"选项，打开"全部知识"页面，单击"订阅行业包"按钮，如图 7-13 所示。

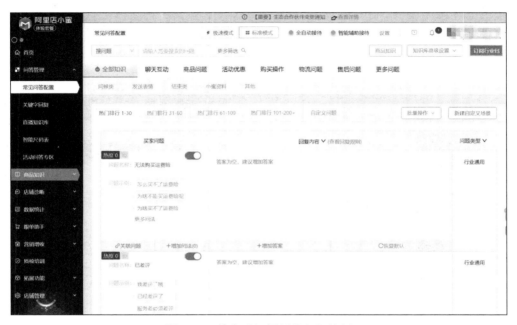

图 7-13　单击"订阅行业包"按钮

第二步：打开"订阅中心"对话框，其中展示了行业通用包和阿里店小蜜当前已覆盖的行业包，如图 7-14 所示。行业通用包默认为订阅，包含高频的店铺通用问题。商家可根据店铺售卖商品所属的类目选择订阅一个或多个行业包。订阅后，无须配置问题，只需编辑答案。行业包中的每一类问题都涵盖了客户的上千种问法，能充分保障问题的命中率。

图 7-14　订阅中心

5. 欢迎语卡片问题设置

客户首次提问时，阿里店小蜜回复时会说欢迎语。了解欢迎语及卡片问题的设置方法，并且清晰、简洁、有重点且带有店铺特色地设置欢迎语及卡片问题，能够回答客户高频的疑问，给客户创造比较好的服务体验。

欢迎语卡片问题设置的具体操作步骤如下。

第一步：进入阿里店小蜜后台管理首页，点击左侧导航栏中"接待设置"按钮，打开"欢迎语卡片设置"页面，设置欢迎语及卡片问题。完成配置后单击"保存"按钮，如图 7-15 所示。

图 7-15　欢迎语卡片设置

第二步：在该形式下，最多可以添加 9 条卡片问题，单击"新增卡片问题"，弹出"卡片类型""卡片问题""关联知识"编辑区，单击"编辑"，如图 7-16 所示。

图 7-16　单击"编辑"

第三步：打开"新增卡片问题"页面，选择一个想要编辑的问题，单击"编辑答案"按钮；在"答案编辑框"中选择回复方式、编写文字答案后，单击"保存"按钮。

7.3　客户关系管理

在网店运营中，客户关系管理越来越受到商家的重视。通常情况下，网店的客户关系管理主要包括客户分类管理、会员分类管理，定期向客户（会员）发送慰问、祝福信息，定期向客户（会员）发送新品、优惠、促销信息，最终达到维护新老客户关系，激活"沉睡"客户，提升客户购买率、购买量，提升客户忠诚度的目的。

7.3.1　客户识别的内容

客户识别是客户关系管理的首要环节，只有识别出企业的潜在客户、有价值客户以及客户的需求，才能为企业的客户关系管理提供有价值的信息，使企业的客户关系管理更有针对性，避免因盲目管理而产生浪费，甚至更大的损失。

1. 识别潜在客户

潜在客户是指存在于客户中间，可能需要产品或接受服务的人，也可以理解为是经营性组织机构的产品或服务的可能购买者。识别潜在客户需要遵循的原则如图 7-17 所示。

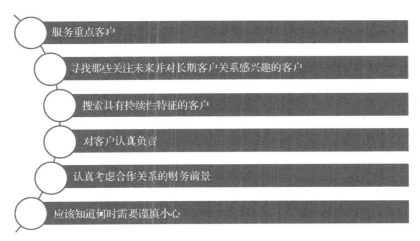

服务重点客户

寻找那些关注未来并对长期客户关系感兴趣的客户

搜索具有持续性特征的客户

对客户认真负责

认真考虑合作关系的财务前景

应该知道何时需要谨慎小心

图 7-17　识别潜在客户需要遵循的原则

2. 识别有价值客户

客户大致分为交易型客户和关系型客户两类。交易型客户只关心价格，通常没有忠诚度可言。关系型客户更关注商品的质量和服务，愿意与供应商建立长期友好的关系，客户忠诚度高。交易型客户带来的利润非常有限，结果往往是关系型客户在给交易型客户的购买进行补贴。识别有价值客户实际上需要两个步骤：首先，分离出交易型客户，以免他们干扰销售计划；其次，分析关系型客户。通常将有价值的关系型客户分为 2 类，见表 7-2。

表 7-2　有价值的关系型客户

客户类型	特点	营销方式
价值客户	企业主要的利润来源	进行客户关系管理营销，留住这些客户
潜力客户	有可能带来可观利润并成为最大利润来源	开展营销，提高企业商品在其购买商品中的份额

3. 识别客户的需求

过去商家往往认为必须满足客户的需要，但在今天竞争日益激烈的社会里，仅满足客户的需要是不够的，还要让客户感到愉悦。因此必须了解客户的需求，找出满足客户需求的方法，如表 7-3 所示。

表 7-3　满足客户需求的方法及内容

方法	内容
会见重要客户	客户服务代表和其他人员定期召集重要客户举行会议，讨论客户的需求、想法和对服务的期望
发放意见卡和简短问卷	将意见卡和简短问卷放在接待区、产品包装、商品目录服务中心或客户易于接近的地方，以征求客户对产品或服务的意见
客户调查	通过邮寄、打电话和网上发布调查等方法对客户进行调查
客户数据库分析	通过分析客户数据，了解客户需求
个人询问	客户代表通过询问客户对自己和企业的看法，得到客户反馈，以便指导自身与客户的交往行为，以及企业对产品或服务的选择
考察竞争者	访问竞争者，以获得有关价格、产品等有价值的信息
组成兴趣小组	与顶级客户进行联合访谈，了解改进特定产品或服务的信息，参加访谈的所有成员可组成一个兴趣小组
市场调研	通过电话、邮件和互联网进行调查

7.3.2　客户运营平台及应用

客户运营平台是淘系平台提供给商家专门进行客户关系管理的系统。通过该系统，商家可以对客户信息进行深度完善、分类管理：既可以根据客户消费次数和消费金额进行会员等级设置，又可以根据店铺上新、活动情况，商品应用周期和特殊节日等给客户发放支付宝红包、优惠券等。

1. 成员管理

通过客户运营平台成员管理，商家可以对客户信息（生日、爱好、地址等）进行深度备注，以便日后点对点精准管理；对客户进行分组管理，以便对同类型客户实现高效运营；通过发放支付宝红包、优惠券等进行促销管理，激活"沉睡"客户，提升客户转化率、增加购买量。成员管理如图 7-18 所示。

2. 会员管理

商家通过客户运营平台的会员管理模块，可以对已成交客户享有的权益进行分类管理，对客户进行会员等级、权益设置，优化客户体验。客户运营平台将客户设置为普通会员（VIP1）、高级会员（VIP2）、VIP 会员（VIP3）、至尊 VIP 会员（VIP4）4 个等级，商家可以结合网店整体利润情况，根据客户成交金额或成交次数，设置会员等级门槛及对应权益，同时还可以设置会员专享优惠券、会员礼包等。

网店运营与管理（微课版）

图 7-18　成员管理

3. 客户营销管理

客户运营平台为商家提供了丰富的客户营销工具与手段。客户营销工具包括智能营销模块和场景营销模块。客户营销手段包括通过短信和优惠券对客户进行关怀，提醒客户复购，以及进行购物车营销，形式多样，适合商家在不同的应用场景下灵活使用。智能营销模块如图 7-19 所示。

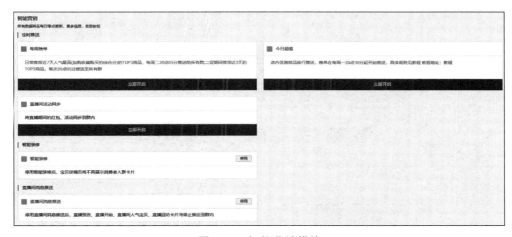

图 7-19　智能营销模块

7.3.3　淘宝群运营

淘宝群是淘系平台推出的商家面向会员及粉丝的实时在线运营阵地。通过淘宝群，商家可高效触达客户，结合丰富的玩法和专享权益，实现客户高黏性互动和回访。无论是对促进客户进店、转化，还是对新品推广，淘宝群都有较强的现实意义。

淘宝群最大的特点就是可以实现对客户分层运营，实现高效触达客户。淘宝群可以帮助商家拥有稳定的价值流量，实现网后高转化和高复购，同时又是内容孵化阵地。

1. 建立和加入淘宝群的条件

商家建立和加入淘宝群的条件：正常运营网店；网店近 30 天内成交笔数≥30 笔；有一

定的内容运营能力，微淘商家层级≥L1；等等。

2. 建立淘宝群

商家可以通过淘宝群聊网页版、千牛 PC 端、千牛 App 建群。下面以淘宝群聊网页版为例介绍淘宝群的建立步骤。首先在 PC 端打开"商家后台"，然后点击"用户"，在左侧导航栏"用户资产"中的"创建人群"可创建淘宝群，如图 7-20 所示。

图 7-20　用户中心

商家可以选择需要的群组，如快闪群、直播群、普通商家群、会员群、兴趣群等，单击"立即创建"按钮，设置群名称、群容量、群简介、群公告等，如图 7-21 和图 7-22 所示。建群成功后可以通过发送群链接和群二维码邀请客户加入，如图 7-23 所示。

图 7-21　群组分类

图 7-22　淘宝群创建

图 7-23　邀请进群

3．群运营权益

商家在完成建群后，可以通过设置门槛来实现对群的分层管理，运用网店页面展示、系统展示页、主动拉人进群等方法来提升淘宝群流量。

在群运营过程中，商家可以通过群管理公告定时发送消息，或跨群发送消息，对群实现高效管理；也可以通过使用商品类、卡券类、互动类等专属工具来提升群运营效果。此外，商家还可以通过群管理后台查看群的具体运营效果。

当然，商家等级不同，运营权益也有一定差异：普通商家可建立 20 个群、群容量为 10 万人，最高群等级商家可建立 100 个群、群容量为 50 万人。具体商家等级及享受的权益可以在群管理后台的"群等级与权限"处查看。

4．淘宝群展示通道及淘宝群营销

淘宝群创建成功后，可以通过很多渠道进行展示，也可以进行营销活动设置和营销应用思路设计。

① 展示通道。淘宝群展示的主要通道有店铺首页、详情页、移动端客户互动服务窗口菜单栏、微淘等，部分展示效果如图 7-24 所示。

图 7-24　展示效果

② 淘宝群营销活动设置。为了提高群活跃度、促进网店转化，淘宝群后台给商家提供了营销活动设置栏目。通过该栏目，商家可以设置红包喷泉、淘金币打卡、拼团卡片、裂变优惠券等活动。淘宝群营销活动页面如图 7-25 所示。

图 7-25　淘宝群营销活动页面

③ 淘宝群营销应用思路设计。在日常运营中，商家可以利用定期发放群红包功能，维持群活跃度，提升客户体验感和归属感。商家还可利用投票功能，在商品发布前，释放群客户提前购买特权，实现商品提前测款和积累商品人气的目的；在大促活动期间，可以利用红包喷泉定时发放红包的功能提升群内活跃度，提高大促期间的转化率。

 课后实训

调研淘宝的退换货规则

小明在淘宝买了一件夹克，收到后试穿发现并不适合自己，于是想要退货。请同学们以小组为单位，通过浏览、总结淘宝中关于退换货的规则，填写表 7-4 和表 7-5，帮助小明完成退货。

表 7-4　客户数据调研任务记录单

实训时间	实训地点	小组成员姓名

表 7-5　调研淘宝的退换货规则

类别	问题	解答
换货处理	换货需要满足的前提条件是什么	
	你认为哪些情况下可以不用换货，为什么	
退货处理	买家拒签的退货流程是什么	
	买家主动退货的流程是什么	
	退货的责任追究是怎样的	

📖 复习思考题

一、填空题

1．网店客服后台操作包括交易管理、商品管理、_____、会员关系管理，以及举报投诉等付款相关事宜的备注及操作。

2．售前服务的工作内容，主要包括售前准备、接待客户、_____、解决异议、核实订单等。

3．阿里店小蜜有全自动接待和_____两种模式。

4．商家通过客户运营平台的会员管理模块，可以对已成交客户享有的权益进行分类管理，对客户进行_____、权益设置，优化客户体验。

5．客户运营平台为商家提供了丰富的客户营销工具，包括智能营销模块和_____。

二、判断题

1．网店客服应该具备良好的语言表达能力和谈判技巧，以及敏锐的观察力和洞察力，只有这样才能更好地分析顾客的心理和需求。（　　　）

2．当客户顺利收货后，若迟迟没有确认收货，可以直接要求客户确认收货。（　　　）

3．客户运营平台将客户设置为普通会员（VIP1）、高级会员（VIP2）、VIP会员（VIP3）3个等级。（　　　）

4．淘宝群是淘系平台推出的商家面向会员及粉丝的实时在线运营阵地。通过淘宝群，商家可高效触达客户，结合丰富的玩法和专享权益，实现客户高黏性互动和回访。（　　　）

5．客户识别是客户关系管理的首要环节，只有识别出企业的潜在客户、有价值客户及客户的需求，才能为企业的客户管理提供有价值的信息。（　　　）

三、简答题

1．简述网店客服的工作特点。

2．简述网店客服的工作职责。

3．简述售中服务的工作流程。

4．简述客户识别的内容。

5．简述商家建立淘宝群的条件。

第8章 网店数据分析

章首导学

学习目标

1	知识 目标	❖ 了解数据分析的概念、目的和作用 ❖ 了解网店数据分析指标 ❖ 了解生意参谋平台
2	技能 目标	❖ 掌握网店数据分析的流程 ❖ 掌握网店数据分析的方法 ❖ 掌握网店数据分析的工具
3	素养 目标	❖ 提升对数据分析的认可度，培养数据运营思维

8.1 数据分析基础知识

在网店运营的过程中，卖家对数据的整理和分析与网店经营业务水平息息相关。数据能够反映网店运营过程中存在的问题，让卖家更好地进行运营效果评价与风险控制。

8.1.1 数据分析的认知

数据分析是指对企业经营过程中产生的数据进行分析，在研究大量数据的过程中寻找模式、相关性和其他有用的信息，从而帮助企业更好地适应变化，做出更明智的决策。

1. 数据分析的目的

数据分析的目的是把隐藏在一大批看起来杂乱无章的数据中的有效信息提炼出来，从而找出所研究对象的内在规律。在实际应用中，数据分析可帮助人们做出判断，以便采取适当的行动。例如，跨境电商企业经营者准备开拓一个新的市场，则需要充分了解竞争对手的市场经营状况、市场潜力及销售预测情况，从而为发现市场机会找到突破口。因此，数据分析在跨境电商企业的运营过程中具有极其重要的地位。

2. 数据分析的作用

数据分析在企业的经营过程中，具有以下3个方面的作用。

（1）现状分析

帮助管理者了解企业现阶段的整体运营情况、企业各项业务的构成、各项业务的发展及变动情况，以及企业运行状况。例如，分析企业现阶段的整体运营情况（其中包括各项经营指标的情况），以及企业各业务的构成。现状分析一般通过报告来完成，如日报、周报、月报等。

（2）原因分析

根据企业的运营情况，针对某一现状进行原因分析。例如，本月销售额环比下降了20%，是什么原因导致的？是流量减少了，还是转化率出现了问题，抑或客单价降低了？企业应通过原因分析找到根源所在。原因分析一般通过专题分析来完成。

（3）预测分析

对企业未来发展趋势进行预测，为制定企业运营目标及策略提供有效的参考与决策依据，以保证企业的可持续健康发展。例如，企业经营者一般会根据近几个月销售额的变动趋势来预测下个月的销售额，并将其作为企业的运营目标及对员工考核的依据。预测分析一般通过专题分析来完成。

8.1.2 数据分析的流程

数据分析流程一般分为6步，包括明确分析目的与思路、数据采集、数据处理、数据分析、数据优化与持续追踪，如图8-1所示。

图 8-1　数据分析流程

1. 明确分析目的与思路

明确分析目的是确保数据分析有效进行的先决条件。这个目的可以是长期的，也可以是短期的，但一定是具体可实现的。

明确分析思路是指把分析目的分解成若干个不同的要点，即如何展开数据分析工作、需要从哪几个角度进行分析、采用哪些指标进行分析等。

2. 数据采集

数据采集是按照确定的数据分析框架收集相关数据的过程，为数据分析提供了素材和依据。常用的数据采集工具有生意参谋、店侦探、八爪鱼、阿里巴巴国际站的数据管家板块。

3. 数据处理

数据处理是指对收集到的数据进行加工整理，形成适合数据分析的形式，是分析数据前必不可少的阶段。通过数据处理，企业将收集到的原始数据转换为可以分析的形式，并且保证数据的一致性和有效性。

4. 数据分析

通过建立数据监控体系，企业可以及时发现运营过程中的问题，迅速定位问题并分析原因。通过对数据进行分析，企业可以全面认识整个数据集，以便后续选择恰当的分析策略。

5. 数据优化

企业找到问题产生的原因后应及时解决问题，可使用一些运营手段优化数据，如利用促销活动提高用户活跃度。

6. 持续追踪

实施优化方案后，企业需要对实施效果持续跟踪，并通过持续跟踪用户数据来验证方案是否正确。

8.1.3 数据分析的方法

1. 对比分析法

对比分析法也称比较分析法，是对客观事物进行比较，以认识事物的本质和规律，并做出正确评价的方法。对比分析法通常是对两个相互联系的数据进行比较，从数量上展示和说明数据分析对象的规模大小、水平高低、速度快慢，以及各种关系是否协调。在对比分析中，选择合适的对比标准是十分关键的。只有选择合适的对比标准才能做出客观的评价，选择不合适的对比标准可能会得出错误的结论。

2. 结构分析法

结构分析法是指将分析研究总体内的各部分与总体进行对比的分析方法。总体内的各部分占总体的比例属于相对指标，一般某部分所占比例越大，说明其重要程度越高，对总体的影响越大。

结构相对指标（比例）的计算公式为：

$$结构相对指标（比例）＝某部分的数值÷总体的数值×100\%$$

结构分析法的优点是简单实用。在实际的企业运营分析中，市场占有率就是一个非常典型的结构相对指标。其计算公式为：

$$市场占有率＝某种产品的销售量÷该种产品的市场销售总量×100\%$$

市场占有率是分析企业在行业中竞争状况的重要指标，也是衡量企业运营状况的综合经济指标。市场占有率高，表明企业运营状况好，竞争能力强，在市场上占据有利地位；反之，则表明企业运营状况差，竞争能力弱，在市场上处于不利地位。

所以，评价一个企业的运营状况是否良好，不仅需要了解该企业的客户数、营业收入等绝对指标是否有所增长，而且还要了解其市场占有率是否保持稳定或者处于增长状态。如果其市场占有率下降，就说明竞争对手增长更快，相比较而言，企业就是在退步。对此，企业要提高警惕，出台相应的改进措施。

3. 逻辑树分析法

逻辑树分析法是运用逻辑树来分析问题的方法。逻辑树又叫树图、问题树、演绎树或分解树等，常用来对问题层层拆解，将问题的所有子问题分层罗列，从最高层开始，逐步向下扩展，直至找到末端原因。

逻辑树可分为3种类型：议题树、假设树、是否树。

① 议题树是将一个问题细分为有内在逻辑关系的多个问题，有助于将问题分解为可以分

别处理的利于操作的小模块。议题树结构如图 8-2 所示。

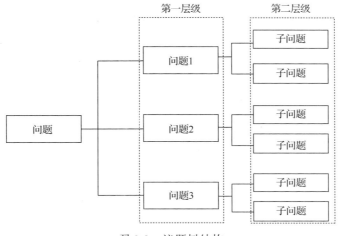

图 8-2　议题树结构

②　假设树即假设一种解决方案，并通过足够的论据证明或否定这种假设，有助于较早集中潜在的解决方案，加快解决问题的进程。假设树的主要形式是先假设一种解决方案，然后通过已有的论据对该方案进行证明。对于某种解决方案，只有当所有论据都支持该解决方案时，该解决方案才可以得到验证，否则会被推翻。假设树结构如图 8-3 所示。

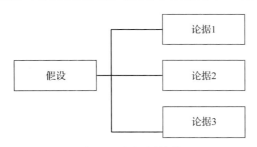

图 8-3　假设树结构

③　是否树用于说明可能的决策和相关的决策标准之间的联系，有助于确认对目前要做的决定有关键意义的问题。其主要形式是先提出一个问题，然后对这一问题进行判断与分析，分析的结果只有两种，非"是"即"否"。是否树结构如图 8-4 所示。

图 8-4　是否树结构

4．七问分析法

七问分析法，即以 5 个以 W 开头的英文单词和 2 个以 H 开头的英文单词（词组）进行提问，从回答中寻找答案的分析方法。5W2H 数据分析模型如图 8-5 所示。

图 8-5　5W2H 数据分析模型

① What：以"什么"为结尾的提问，如"要做什么？""目的是什么？"。

② Why：以"为什么"开始的提问，如"为什么要做？""为什么是这个方案？"。

③ Who：以人为关键词的提问，如"谁来负责？""谁来承担？""谁来完成？""目标受众是谁？"。

④ When：以时间为关键词的提问，如"什么时候开展活动？""什么时候活动结束？""每一步分别何时开展？""什么时机最适宜？"。

⑤ Where：以地点为关键词的提问，如"在哪里开展活动？""渠道有哪些？""从哪里入手？"。

⑥ How：问具体的实施步骤，越详细越好，如"该怎么做？""如何优化？""如何实施？""如何提高效率？"。

⑦ How much：涉及程度的提问，如"费用产出如何？""质量水平如何？""预算多少？""配备多少人员？""做到什么程度？"。

5．漏斗分析法

漏斗分析法在营销中是将潜在客户逐步变为客户的量化转化方法。例如在电子商务的转化分析中，对按照流程操作的用户进行各个转化层级上的监控，就可以寻找到每个层级的可优化点；对于没有按照流程操作的用户，绘制他们的转化路径，就可以找到提升用户体验、缩短路径的空间。电子商务转化分析的漏斗模型如图 8-6 所示。

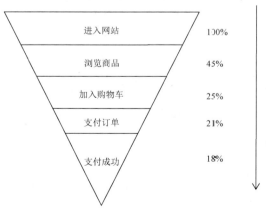

图 8-6　电子商务转化分析的漏斗模型

用户从进入网站到浏览商品，转化率是 45%；从浏览商品到加入购物车，转化率是 25%。如果想找出哪个环节转化率最低，就需要对比数据。

如从进入网站到浏览商品，如果行业平均转化率是 50%，而本店只有 45%，那说明这个过程的转化率没有达到行业内的平均水平，这时就需要分析具体原因，继而有针对性地优化和改善。

漏斗分析法一般用于业务流程规范、周期长、环节多的流程分析，通过对漏斗各环节数据的对比分析，直观地发现问题所在。漏斗分析法也广泛应用于流量监控、产品目标转化等日常数据运营工作中。

8.1.4　网店数据分析的工具

1. 生意参谋

生意参谋是阿里巴巴重磅打造的商家数据平台，已为超过 600 万淘宝、天猫商家提供一站式、个性化、可定制的商务决策体验，集成了海量数据及店铺经营思路，让商家可以尽情地享受数据赋予的价值。生意参谋首页如图 8-7 所示。

图 8-7　生意参谋首页

2. 京东商智

京东商智是京东提供给商家的店铺效果分析体系，其功能模块与生意参谋接近，但主要是面对京东体系店铺的，分为基础版、标准版、高级版、热力图、搜索分析、购物车营销、客户营销、竞争分析等多个模块，于通相应功能需要缴纳一定的费用。京东商智首页如图 8-8 所示。

3. 超级店长

超级店长是一款面向淘系、京东、微店等多个平台的第三方工具系统，它具备店铺数据概况、关键词分析、流量分析、商品分析、竞品动态分析等全方位的分析功能，另外还提供了无线引流、活动营销、安全预警、提效工具等一系列的功能和服务。超级店长首页如图 8-9 所示。

图 8-8　京东商智首页

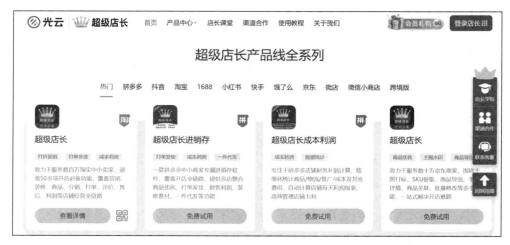

图 8-9　超级店长首页

4. 电商易

电商易是一家电商系统工具提供商，其旗下主要有看店宝、小旺神、多多查、店侦探、参谋、店数据等一系列相关电商应用分析工具，其中多数高级功能需要商家付费才能开通。

8.2　网店数据分析指标

数据本身没有价值，其价值在于其中包含的信息。接下来对不同类型的网店数据分析指标进行介绍。

8.2.1　网站运营指标

在电子商务网站的运营中，管理者需要及时了解网站的运营状况，因此针对网站的登录量、浏览量、交易量等各类数据进行分析，已经成为网站管理者和网络营销工程师几乎每天必做的功课。统计和分析网站运营指标可以帮助管理者准确地掌握用户动向和网站的实际状况。根据网站类型的不同以及要了解的问题的差异，可以用许多不同的指标来衡量网站的运营状况。通常来说，网站运营指标有流量指标、商品类目指标和供应链指标。

1. 流量指标

流量指标又分为流量数量指标、流量质量指标和流量转化指标。

（1）流量数量指标

流量数量指标分为页面浏览量（Page View，PV）、独立访客（Unique Visitor，UV）和访问次数（Visits）。

页面浏览量是衡量网站流量常用的指标之一，监测网站页面浏览量的变化趋势和分析其变化原因是很多网站运营者定期要做的工作。

Page View 中的 Page 一般是指普通的 HTML 页面，也包含 PHP、JSP 等动态的 HTML 内容。一次来自浏览器的 HTML 内容请求就会被计算一次页面浏览量。独立访客是指不同的通过互联网访问、浏览网页的自然人数。访问次数表示用户访问的次数。例如，某个网站在某月独立访客为 3，访问次数为 90，页面浏览量为 180，它们表示的含义是，该月该网站有 3 个用户，他们共访问网站 90 次，在这 90 次访问中他们共访问了 180 个页面。通常大部分的网站一个月内大部分用户都只来一次，所以，经常看到的情况是独立访客和访问次数非常接近，但这两者是完全不同的概念。

（2）流量质量指标

流量质量指标分为跳出率（Bounce Rate）、页面/网站停留时间和页面浏览量与独立访客比。

① 跳出率。

跳出率通常是指浏览单个页面的访问量占总访问量的比例。这里的跳出（Bounce）指成功进入网站（如果不能成功打开网站就关闭，则称为一个 Loss）后，不单击页面中的任何链接，就关闭它。这个指标在内容型指标中十分重要。通常认为首页是跳出率最高的页面（当然，如果网站有其他跳出率更高的页面，那么也应该把它加入追踪的目标，如推广页面等）。

对任意一个网站，如果访问者对首页或其他页面都是一掠而过的，说明网站内容不够吸引人，网站策划在某一方面可能有问题。如果网站的目标市场是正确的，则说明是访问者不能找到他想要的东西，或者网页的设计（包括页面布局、网速、链接的文字等）有问题：如果网站设计是可行易用的，网站的内容可以很容易地找到，那么问题可能出在访问者的质量上，即目标市场有问题。

② 页面/网站停留时间。

页面/网站停留时间，顾名思义，可以理解为一个用户在一个页面或者网站上花费的时间（Time Spent On Page/Website）。

③ 页面浏览量与独立访客比。

页面浏览量与独立访客比表示平均每个用户浏览页面的数量，反映了平均每个用户给网站带来的 PV 数。

除此之外，浏览页面比（Scanning Page Ratio）、浏览用户比（Scanning Visitor Ratio）和

浏览用户指数（Scanning Visitor Index）等指标都可用来描述用户给网站带来的流量质量。

浏览页面比的计算公式为：

$$浏览页面比=少于1分钟的浏览页面数÷所有浏览页面数$$

网站的目标不同，对指标的高低就有不同的要求。大部分的网站希望浏览页面比降低；如果是靠广告驱动的网站，浏览页面比太高对长期目标的达成是不利的，因为这意味着尽管通过广告吸引了许多访问者，产生了很高的页面浏览量，但是访问者的质量不高，所能带来的收益也就会受到影响。

浏览用户比的计算公式为：

$$浏览用户比=少于1分钟的访问者数÷总访问者数$$

这个指标在一定程度上衡量了网页对用户的吸引程度。

大部分的网站都希望访问者停留超过1分钟，如果浏览用户比的值太高，那么就应该考虑一下网页的内容是否过于简单，网站的导航菜单是否需要改进。浏览用户比与浏览页面比的区别在于描述对象不同，浏览用户比的描述对象是用户，而浏览页面比的描述对象是页面。

浏览用户指数的计算公式为：

$$浏览用户指数=少于1分钟的访问页面数÷少于1分钟的访问者数$$

浏览用户指数表示1分钟内访问者的平均访问页面数。

浏览用户指数越接近1，说明访问者对网站越没兴趣，他们仅仅是瞄一眼就离开了。这也许是导航系统的问题，如果对导航系统进行显著的改进，应该就可以看到浏览用户指数上升；如果改进后的浏览用户指数还是不高，可能是网站的目标市场及使用功能有问题，应该着手解决。将浏览用户比和浏览用户指数结合起来使用，可以看出用户打开网页是在浏览有用的信息还是因厌烦而离开。

（3）流量转化指标

流量转化指标分为转化次数和转化率两种指标。

转化次数（Conversions）也叫作转化目标页面到达次数，指独立访客到达转化目标页面的次数。

转化率（Conversion Rate）指在一个统计周期内，完成转化行为的次数占推广信息总单击次数的百分比。其计算公式为：

$$转化率=转化次数÷点击量×100\%$$

两者是紧密相关的。例如，10名用户看到某个搜索推广的结果，其中5名用户单击了某一推广结果并跳转到目标页面上，之后，这5名用户有了后续转化的行为。那么，这条推广结果的转化率就是 $5÷5×100\%=100\%$。

2. 商品类目指标

商品类目指标主要用来衡量网站商品的运营水平。商品类目指标与销售指标以及供应链指标关系紧密。商品类目指标包括商品类目结构占比、商品类目销售额占比、类目销售库存单位集中度以及库存周转率等。

商品类目结构占比是指各个类目商品数量占整体商品数量的比例，体现了商品销售的结构以及商品的丰富度和多样性。

商品类目销售额占比是指各个类目商品销售额占整体商品销售额的比例。

类目销售库存单位（Stock Keeping Unit，SKU）集中度表示不同类型、型号和规格的商品的集中程度。

库存周转率（Inventory Turn Over，ITO）通常用于衡量一种材料在工厂里或在整条价值链中的流动速度。

常见的计算库存周转率的方法就是用年度产品销售成本（不计销售的开支以及管理成本）除以年度平均库存价值。因此，库存周转率=年度产品销售成本÷年度平均库存价值。

3．供应链指标

这里的供应链主要包括电商网站商品库存以及商品发送等方面，而商品的生产以及原材料库存运输等不在考虑范畴之内。这里主要考虑从顾客下单到顾客收货的时长、仓储成本、仓储时长、配送时长、每单配送成本等。供应链指标包含很多内容，如仓储过程中的分仓库压单占比、系统报缺率（与前面的商品类目指标有极大的关系）、实物报缺率、限时上架完成率等，商品发送过程中的分时段下单出库率、未送达占比以及相关退货比等。

8.2.2　经营环境指标

经营环境指标分为外部竞争环境指标和内部购物环境指标。

1．外部竞争环境指标

外部竞争环境指标包括市场占有率、市场增长率、网站排名和访问比重等。

（1）市场占有率

市场占有率，即市场份额（Market Shares），是指一个企业的销售量（或销售额）在市场同类商品中所占的比重，直接反映消费者对企业所提供的商品和服务的满意程度，表明企业的商品在市场上所处的地位。

企业的市场占有率越高，表明企业经营、竞争能力越强。

（2）市场增长率

企业市场份额的不断增加，可以使企业获得某种形式的垄断，这种垄断既能给企业带来垄断利润，又能让企业保持一定的竞争优势。这种市场份额增加的趋势可以用市场增长率来表示，市场增长率是指商品或服务的市场销售量或销售额在一定时期内的增长率，其计算公式为：

市场增长率=[比较期市场销售量（额）－前期市场销售量（额）]÷前期市场销售量（额）×100%

（3）网站排名

网站排名一般可分为几大类，如 Alexa 网站排名、中国网站排名、百度网站排名、NNT 网站排名等。对于任何一个网站来说，要想在网站推广中取得成功，搜索引擎优化是非常关键的一项任务。同时，随着搜索引擎不断变换网站的排名算法规则，一些本来排名靠前的网站可能在一夜之间排名靠后，而排名靠后的网站可能会失去本来可观的固有访问量。所以搜索引擎算法的每一次改变都会在各网站之中引起骚动。可以说，搜索引擎优化是一个越来越复杂的任务。

（4）访问比重

访问比重是对一个站点下属栏目或子站点访问量进行的统计，较常用的是独立访问人数占同类同期所有网站访问人数的比重。也可以统计一定时期内其他流量指标，如页面浏览量、独立访客和访问次数等在同类网站相应指标总量中占的比重。

2. 内部购物环境指标

内部购物环境指标包括运营指标和功能性指标，用于反映网站的运营状况以及实现的功能。运营指标同样包含页面浏览量、独立访客和访问次数等流量指标，也包含从访问到加入购物车的转化率、从访问到下单的转化率、从下单到支付的转化率和订单数量以及金额等。功能性指标包含支付方式、配送方式、商品数目和最短流程等方面的指标。

8.2.3 销售业绩指标

销售业绩指标直接与财务收入挂钩，因此这类指标在所有数据分析指标体系中起重要作用，其他数据指标的细化落地都可以以该类指标为依据。销售业绩指标可以分解为网站销售业绩指标和订单销售业绩指标。网站销售业绩指标侧重于网站订单的转化率方面。订单销售业绩指标则侧重于具体的毛利率、订单有效率、重复购买率、退换货率等方面；当然还有很多其他的指标，如总销售额、品牌类目销售额、总订单量、有效订单量等。

1. 网站销售业绩指标

网站销售业绩指标包括下单次数、加入购物车次数、在线支付次数、从访问到加入购物车的转化率、从下单到在线支付的转化率。

下单次数是指在一个统计周期内，购物网站上用户提交订单的次数。

加入购物车次数是指在一个统计周期内，用户将商品加入购物车的次数。

在线支付次数是指在一个统计周期内，用户完成购物流程，成功在线支付的次数。

从访问到加入购物车的转化率指的是在一个统计周期内，用户将商品加入购物车的次数与用户访问该网站的次数之比。

从下单到在线支付的转化率是指在一个统计周期内，用户在购物网站上在线支付的次数与下单次数之比。

2. 订单销售业绩指标

订单销售业绩指标包括毛利率、订单有效率、重复购买率、退换货率、总销售额、品牌类目销售额、总订单量、有效订单量等。

除此之外，重要的订单销售业绩指标还有平均订货额（Average Order Amount，AOA）、订单转化率（Conversion Rate，CR）、单个访问者销售额（Sales Per Visit，SPV）、单笔订单成本（Cost Per Order，CPO）、再订货率（Repeat Order Rate，ROR）、单个访问者成本（Cost Per Visit，CPV）、订单获取差额、订单获取率、每笔订单产出等。

（1）平均订货额（AOA）

平均订货额用来衡量网站销售状况的好坏，其计算公式为：

$$平均订货额=总销售额÷总订货数$$

将网站的访问者转化为买家是很重要的，同样重要的是激励买家在每次访问时购买更多的产品，跟踪平均订货额可以找到相应问题的解决方法。

（2）订单转化率（CR）

订单转化率的计算公式为：

$$订单转化率=总订货数÷总访问数×100\%$$

该指标是一个比较重要的指标，用于衡量网站对每个访问者的销售情况。

从这个指标可以看出，即使一些微小的变化都可能对网站的收入造成巨大的影响。如果想区分新老客户所产生的订单，那么可以细化该指标，对新老客户分别进行统计。

（3）单个访问者销售额（SPV）

单个访问者销售额的计算公式为：

$$单个访问者销售额=总销售额÷总访问数$$

这个指标也是用来衡量网站的销售情况的。

单个访问者销售额的用法和订单转化率差不多，只是表现形式不同。

（4）单笔订单成本（CPO）

单笔订单成本用来衡量平均订货成本，其计算公式为：

$$单笔订单成本=总的市场营销成本÷总订货数$$

每笔订单的营销成本对网站的盈利和现金流来说都是非常关键的。不同的网站有不同的营销成本计算标准，有些把全年的营销成本分摊到每个月，有些则不这么做，关键要看哪种计算方式最适合自己的情况。如果能够在不增加市场营销成本的情况下提高转化率，单笔订单成本就会下降。

（5）再订货率（ROR）

再订货率的计算公式为：

$$再订货率=现有客户订单数÷总订单数×100\%$$

该指标用来衡量网站对客户的吸引力。

再订货率和客户服务质量有很大的关系，网站只有提供让客户满意的产品和服务，才能提高这个指标。

（6）单个访问者成本（CPV）

单个访问者成本的计算公式为：

$$单个访问者成本=总的市场营销成本÷总访问数$$

该指标用来衡量网站的流量成本。

单个访问者成本衡量的是市场效率，网站的运营目标是降低单个访问者成本而提高单个访问者销售额，为此要削减无效的市场营销成本，加大有效的市场投入。

（7）订单获取差额

订单获取差额的计算公式为：

$$订单获取差额= 单个访问者成本 - 单笔订单成本$$

这是一个衡量市场效率的指标，代表着网站所带来的访问者和转化的访问者之间的差异。

订单获取差额的值应是一个负值，这是一个测量从非访问者中获得客户的成本的指标。有两种方法来缩小订单获取差额的绝对值：提升了网站的营销能力，单笔订单成本就会下降，订单获取差额的绝对值就会缩小，说明网站转化现有流量的能力得到了提升；同样，单个访问者成本升高而单笔订单成本保持不变或降低，订单获取差额的绝对值也会缩小，表明网站所吸引的流量都具有较高的转化率，这种情形通常发生在启用了点击付费（Pay Per Click，PPC）广告计划的情况下。

（8）订单获取率

订单获取率的计算公式为：

$$订单获取率=单笔订单成本 \div 单个访问者成本 \times 100\%$$

该指标以另一种形式来体现市场效率。

管理人员（尤其是财务管理人员）用这个指标来监督有效订单获取量。

（9）每笔订单产出

每笔订单产出的计算公式为：

$$每笔订单产出=（平均订货数 \times 平均边际收益）-每笔订单成本$$

该指标表示的是每笔订单带来的现金增加净值。

公司的财务总监总用这个指标来衡量运营利润。

8.2.4 营销活动指标

衡量一场营销活动做得是否成功，通常会从活动效果（收益和影响力）、活动成本以及活动黏合度（通常以用户关注度、活动用户数以及客单价等来衡量）等方面考虑。营销活动指标分为市场运营活动指标、广告投放指标以及对外合作指标。

市场运营活动指标和广告投放指标主要包括新增访客数、订单数量、下单转化率、单次访问成本以及投资回报率（ROI）等指标。

新增访客数、订单数量这两个概念较容易理解，下单转化率是指支付次数与下单次数的比值。

单次访问成本是指听到或者看到某广告的所有人平均分担的广告成本。

投资回报率的计算公式为：

$$投资回报率=每笔产出 \div 单笔订单成本$$

该指标是用来衡量广告的投资回报的。

这些指标主要反映了营销活动对网站所带来的积极效果，但是这些指标往往是短效的，不一定能够全面评估营销活动的所有效果。

对外合作指标则根据具体合作对象而定，合作的对象可以是其他网站、媒体和机构。如某电商网站与返利网站合作，首先考虑的是合作回报率，可以把合作回报率当作评价合作质量的一个重要指标。

8.2.5 客户价值指标

一个客户的价值通常由 3 部分组成：历史价值、潜在价值、附加价值。这里的客户价值指标分为总体客户价值指标以及新客户价值指标、老客户价值指标，主要从客户的贡献和获取成本两方面来衡量。如用访问人数、访客获取成本以及从访问到下单的转化率来衡量总体客户价值；而对老客户价值进行衡量时，除了考虑上述因素外，更多的是以 RFM 模型为衡量依据。

1. 总体客户价值指标

总体客户价值指标包括访问人数、访客获取成本和从访问到下单的转化率等重要指标。

访问人数就是在一个统计周期内，购物网站的独立访客数，也就是前面提到的独立访客。

访客获取成本是指获得一个新访客所需的营销、宣传成本之和。

从访问到下单的转化率就是在一个统计周期内，提交订单的访问数与总访问数之比。

2. 新客户价值指标

新客户价值指标是反映网站客户数量变化的一个重要指标。新客户价值指标包括新客户数量、新客户获取成本和客单价。

新客户数量较容易理解，是指在一个统计周期内，独立访问网站并进行一次购物的客户数。

新客户获取成本是指企业为吸引新客户而花费的各类成本，包括在宣传、促销、经营、计划、服务以及营销等活动上产生的费用。

客单价（Per Customer Transaction）指网站每一个新客户平均每笔订单的交易金额。

3. 老客户价值指标

老客户价值指标包含老客户数量以及RFM模型主要指标。

（1）老客户数量

老客户数量是指在一个统计周期内，完成两次或者两次以上购物的客户总数。新客户回访网站会变成老客户，提高老客户的活跃度对网站同样重要。老客户的行为会对企业的业绩产生非常重要的影响。

这里涉及回访者比（Repeat Visitor Share）这个概念，其计算公式为：

$$回访者比=回访者数÷独立访问数×100\%$$

回访者比用于衡量网站内容对访问者的吸引程度和网站的实用性，以及判断网站是否有令人感兴趣的内容可使访问者回访该网站。

基于访问时长的设定和产生报告的时间段，这个指标可能会有很大的不同。绝大多数网站都希望访问者回访，因此都希望回访者比不断变大。如果回访者比变小，说明网站内容没有改善或产品的质量没有提高。需要注意的是，一旦选定了一个时长和时间段，就要使用相同的参数来生成数据，否则就会失去比较的意义。

（2）RFM模型主要指标

在众多客户关系管理（Customer Relationship Management，CRM）的分析模型中，RFM模型是被广泛提到的。RFM模型是衡量客户价值和客户创利能力的重要工具。该模型通过客户的近期购买行为、消费频率以及消费金额这3项指标来描述该客户的价值状况。

在RFM模型中，R（Recency）表示客户的最近一次消费时间，F（Frequency）表示客户在最近一段时间内的消费次数，M（Monetary）表示客户在最近一段时间内的消费金额。

RFM模型较为动态地展示了一个客户的全部轮廓，这为与客户进行个性化的沟通和为客户提供个性化的服务提供了依据；同时，如果与客户打交道的时间足够长，也能够较为精确地判断客户的长期价值（甚至是终身价值）。改善上述3项指标，能为更多的营销决策提供支持。

RFM模型非常适合生产多种商品且其商品的单价相对不高的企业，如化妆品、小家电生产企业；RFM模型也适用于只生产少数耐用商品，但是商品中有一部分属于消耗品的企业，如复印机、打印机、汽车维修材料等消耗品生产企业；RFM模型还适用于加油站、旅行保险社、运输企业、快餐店、证券公司等。

RFM模型可以用来提高客户的交易次数。业界常用的方式为直接邮寄（DM），常常一次寄发成千上万封邮购清单，但这样成本很高。据统计，对一般邮购日用品而言，如果用 R 把客户分为 5 级，第 5 级客户的回函率是第 4 级客户的 3 倍，因为第 5 级客户刚完成交易不久，所以会更注意同一公司的商品信息。

RFM 模型主要指标如下。

① 最近一次消费时间（Recency）。

最近一次消费时间指客户上一次购物的时间。理论上，最近一次消费时间越近的客户，是越有价值的客户，也越有可能对企业提供的即时商品或服务产生反应。

历史数据显示，如果能让客户购买某种商品或服务，他们就会持续购买。这也是为什么在最近 6 个月有过消费的客户收到的营销人员的沟通信息多于在过去 31～36 个月有过消费的客户。最近一次消费时间是维系客户的一个重要指标。最近购买商品、服务或访问网站的客户，是最有可能再次购买的客户。要吸引一个几个月前才购买过的客户，比吸引一个一年多以前购买过的客户容易得多。营销人员如果能掌握这种强有力的营销哲学，与客户建立长期的关系而不仅仅是卖东西，则会与客户持续保持往来，并提高他们的忠诚度。

最近一次消费时间的作用不仅在于提供促销信息，还可以用于监督营销活动的健全度。优秀的营销人员会定期查看最近一次消费时间报告，以掌握趋势。月报告如果显示客户上一次消费时间很近（最近一次消费时间在 1 个月内）的客户人数增加，则表示该公司是个稳健成长的公司；反之，如上一次消费时间很近的客户人数减少，则表示该公司正在走下坡路。

② 消费频率（Frequency）。

消费频率是客户在限定的期间内所购买的次数。可以说最常购买的客户，也是满意度最高的客户。如果相信品牌及商店，最常购买的客户的忠诚度也最高。增加客户购买的次数意味着从竞争对手处夺取市场，赚取营业额。

根据这个指标，营销人员可以把客户分为 5 个等级，这 5 个等级相当于一个"忠诚度的阶梯"（Loyalty Ladder），营销人员要让客户一直顺着阶梯往上爬。

③ 消费金额（Monetary）。

消费金额是所有数据库报告的支柱，同时也验证了帕累托法则——公司 80% 的收入来自 20% 的客户。消费金额显示，排名前 10% 的客户所花费的金额比下一个等级的客户所花费的金额至少多出 2 倍，占公司所有营业额的 40% 以上。

RFM 模型除了上述几个指标之外，还包含积极访问者比、忠实访问者比、忠实访问者指数、忠实访问者量、访问者参与指数等指标。

① 积极访问者比（Heavy Visitor Share）。

计算公式：积极访问者比=访问超过 N 页的用户数÷总用户数。

指标意义：衡量有多少访问者是对网站内容高度感兴趣的。

根据网站的类型和大小，去衡量 N 的大小，如内容类的网站通常定义为 11～15 页，如果是跨境电商类网站则可定义为 7～10 页。如果网站面向正确的目标受众且网站使用方便，这个指标的值应该是不断上升的。

② 忠实访问者比（Committed Visitor Share）。

计算公式：忠实访问者比=访问时间在 N 分钟以上的用户数÷总用户数。

指标意义：和上一个指标的意义相同，只是使用停留的时间取代访问页数。具体使用哪个指标取决于网站的目标，可以使用两个指标中的一个，也可以结合使用。

其中的 N 也是根据网站的类型和大小来定义的，如大型网站通常将 N 定义为 20 左右。如果单独使用忠实访问者比指标，很难体现它的效用，应该结合其他网站运营指标一起使用，如转化率。但总体来说，较长的访问时间意味着访问者喜欢待在该网站内，高忠实访问者比当然是好的。

③ 忠实访问者指数（Committed Visitor Index）。

计算公式：忠实访问者指数=N 分钟以上的访问页数÷N 分钟以上的访问者数。

指标意义：该指标指的是每个长时间访问者的平均访问页数，这是一个重要的指标，它考虑了访问页数和访问时间。

忠实访问者指数通过访问页数和访问时间对网站进行了一个更细的区分，如果忠实访问者指数较低，那意味着网站有较长的访问时间但是访问页数较少。通常营销人员都希望看到较高的忠实访问者指数，如果增加了网站的功能和资料，吸引了更多的忠实访问者留在网站内并浏览内容，忠实访问者指数的值就会增加。

④ 忠实访问者量（Committed Visitor Volume）。

计算公式：忠实访问者量=N 分钟以上的访问页数÷总访问页数。

指标意义：长时间的访问者所访问的页数占所有访问页数的比。

网站通常都是靠宣传和推广来吸引访问者的，忠实访问者量就显得尤为重要，因为它代表了总体的页面访问质量。如果访问页数有 10 000 页，忠实访问者量仅为其 1%，就意味着网站可能吸引了错误的访问者，这些访问者没有价值，他们仅仅看了一眼网页就离开了；这时营销人员应该考虑推广方式和宣传方式是不是有什么问题。

⑤ 访问者参与指数（Visitor Engagement Index）。

计算公式：访问者参与指数=总访问数÷独立访问者数。

指标意义：这个指标是每个访问者的平均会话数，代表着部分访问者的多次访问趋势。

与回访者比不同，访问者参与指数代表着回访的强烈度，如果有目标受众不断回访网站，访问者参与指数将大于 1；如果没有回访者，访问者参与指数将趋近于 1，意味着每一个访问者都有一个新的会话。访问者参与指数的大小取决于网站的目标，大部分内容性和商业性的网站都希望每个访问者在每周/每月有多个会话；但是提供客户服务尤其是投诉服务之类的网页或网站，则希望访问者参与指数尽可能趋近于 1。

8.3　使用生意参谋分析网店数据

为帮助卖家对网店的经营数据进行分析和总结，淘宝网为卖家提供了多种数据分析和管理工具，其中常见的就是生意参谋。

8.3.1　生意参谋平台概述

生意参谋平台是阿里巴巴推出的首个统一的官方数据产品门户，向全体商家提供一站式、个性化、可定制的商务决策体验。生意参谋不但秉承数据让生意更简单的使命，而且致力于为淘宝商家提供精准实时的数据统计、多维的数据分析和权威的数据解决方案。商家可以通过生意参谋了解网店目前的经营情况，进行流量来源分析和装修分析等，并且可以按照小时、天、周、月或者按照网店首页、商品页、分类页，记录网店的流量、销售、转化、推广及装修效果等数据，由此完善经营策略，提升销量。下面主要介绍生意参谋的几个常用功能模块。

8.3.2　实时直播

市场瞬息万变，卖家实时洞悉网店运营情况很有必要。卖家可以通过实时直播观测实时数据，及时调整策略，抢占生意先机。生意参谋实时直播中的数据对网店的运营和发展有很大的作用。一方面，它可以跟踪商品的推广引流效果、观测实时数据，发现问题并及时优化、调整策略；另一方面，还可以实时查看商品具体效果，如果转化率和点击量情况不理想，同样可以及时加大推广力度。下面介绍生意参谋实时直播的具体功能。

1.　实时概况

实时概况提供网店实时的概况数据，主要包括实时访客数、实时浏览量、实时支付金额、实时支付子订单数、实时支付买家数及对应的排名和行业平均值，并提供历史数据对比功能，所有数据都可以按照所有终端、PC 端和无线端 3 种模式查看。实时概况如图 8-10 所示。

图 8-10　实时概况

2.　实时来源

实时来源提供网店无线端流量分布、PC 端流量分布及地域分布情况。图 8-11 所示为实时来源中的无线端流量分布。实时来源的数据可以为卖家提供各个流量来源的详细报告，这对网店运营是极为有利的，便于卖家从各个细节进行突破，了解哪些方面的流量来源多、哪些方面的流量来源少，进而反思在流量来源少的方面是否做得不足、对流量来源多的方面是否还可以再进行优化。卖家通过分析地域分布数据，根据支付买家数与访客数的比值，可以得出各个地区的转化率，对于流量大且转化率较高的地区应该加大推广力度。

图 8-11　实时来源

3. 实时榜单

实时榜单主要提供商品 TOP50 榜单，即以访客数、加购件数、支付金额 3 种方式排序的前 50 个商品的列表，展示其浏览量、访客数、支付金额、支付买家数、支付转化率这 5 个维度的数据，并且还提供搜索功能，支持查询卖家想知道的商品的实时销售效果数据。图 8-12 所示为实时榜单。对于流量款一定要注意它的流量、转化及库存的变化，做好解决可能发生的一切问题的准备。

图 8-12　实时榜单

4. 实时访客

实时访客主要提供网店的实时访客记录（如图 8-13 所示），能帮助卖家实时了解网后访客的浏览情况，进而通过实时访客来找到潜在买家的信息并分析买家的浏览习惯。

5. 实时催付宝

实时催付宝可实时更新在网店拍下但没有付款的买家数据。实时催付条件很苛刻，催付对象是下单未支付、未在其他网店下单且潜力 TOP50 的买家，所以催付成功率很高。特别是在活动大促的时候，可以专门安排一个客服人员来负责实时催付。

图 8-13　实时访客

8.3.3　流量分析

流量分析提供了全店的流量概况、来源分析、动线分析、消费者分析等功能，可以帮助卖家快速疏理流量的来龙去脉，在识别访客特征的同时了解访客在网店页面上的操作，从而评估网店的引流、装修等工作，帮助卖家更好地进行流量管理和转化，如图8-14所示。网店流量主要分为 PC 端流量和无线端流量，在生意参谋中可以分别查看不同端口的流量情况，并可查看与本店历史数据及同行数据的对比情况。

图 8-14　流量分析

1. 流量概况

流量概况提供流量看板、计划监控和访客分析 3 种功能。

① 在流量看板中可以查看流量总览、我的关注、流量来源排行 TOP10 及商品流量排行 TOP10。流量看板能够帮助卖家了解网店整体的流量规模、质量、结构，以及流量的变化趋势。卖家可从流量规模知道网店的浏览量、访客数及其变化；从人均浏览量、关注店铺人数等，了解入店访客的质量。

② 在计划监控中可以制订年度运营计划并进行监控。

③ 在访客分析中可以查看访客分布的相关数据，包括访客时段分布、地域分布、特征分布、行为分布等。通过对访客的相关数据进行分析，可以方便卖家更好地开展营销推广活动、设置商品上下架时间等工作。

a. 在时段分布中，通过选择日期和终端，可以查看对应统计周期内各类终端下的访客数和下单买家数，便于卖家更好地掌握网店访客来访的时间规律，验证广告投放、调整引流时段策略。

b. 在地域分布中，通过选择日期和终端，可查看对应统计周期内各类终端下的访客数占比排行榜和下单买家数排行榜，还可查看各地域的转化率，验证或辅助调整广告定向投放策略。当推广转化率降低的时候，可以根据地域分布去筛选推广地域，这样可有效提高推广转化率。

c. 在特征分布中，通过选择日期和终端，可查看对应统计周期内各类终端下访客的会员等级、消费层级、性别，店铺新老访客分布情况，以验证或辅助调整广告定向投放策略。由会员等级可以看出买家是什么等级，会员等级越高代表其网购数量越多；消费层级代表的是买家之前的购买能力；从性别可以判断出买家是以男性为主还是以女性为主；在店铺新老访客中，老访客越多越好，会大大提高转化率。

d. 行为分布展示来源关键词 TOP5 及浏览量分布情况。通过对来源关键词进行分析基本可以判断出网店核心词，日期选择 30 天会更加准确，这样得出的关键词是网店引流最重要的关键词。浏览量分布展示访客在店内的浏览量分布情况，卖家可通过增加关联页面、加强客服引导等方法增加页面浏览量，提升转化率。

在"访客分析"页面选择"访客对比"选项，在打开的页面中可以查看访客对比的相关数据，包括消费层级、性别、年龄、地域 TOP、营销偏好和关键词 TOP 等。

2. 来源分析

来源分析可提供店铺来源、商品来源、内容来源、媒介监控和选词助手等 5 种功能。

① 在店铺来源中可查看网店流量来源的构成、流量来源的对比及同行流量来源。

② 在商品来源中可添加竞品进行对比分析，也可查看本店商品排行榜。

③ 内容来源包括直播间来源和短视频来源，可选择选定日期内有观看量的商家自播或短视频来分析流量来源，也可查看本店排行榜。

④ 媒介监控可用于分析淘外媒介推广效果，如今日头条、微博、优酷等媒介推广效果。

⑤ 选词助手是生意参谋上的专题工具之一，提供了 PC 端和手机端的反映用户需求的店内引流搜索关键词、给网店引流的竞店搜索关键词、与关键词相关的行业内搜索关键词，另外还提供了这些关键词的搜索热度、引导效果等。选词助手可以帮助卖家快速盘清搜索来源的关键词，验证和调整关键词投放策略；了解访客在店内的搜索行为，明确访客的需求；通过行业内搜索关键词的拓展，可以帮助卖家找到更多适合网店的可拓展关键词，用于调整广告投放、标题优化或品类规划。

3. 动线分析

动线分析可提供店内路径、流量去向、页面分析和页面配置 4 个功能。

① 店内路径分别提供 PC 端和手机端的流量入口、页面访问排行及店内路径明细，卖家

可以分别对网店首页、商品详情页、网店微淘页、商品分类页、搜索结果页、网店其他页的访客数和占比、下单买家数和占比、下单转化率进行查看，还可查看页面访问排行，或根据需要分别以周、日为单位查询流量来源。通过对这些数据的查询，卖家可以了解当前网店的流量结构。

② 对于流量不足的情况，需要更换推广方式提高网店流量。对于转化率不高的商品，需对商品详情页、价格、网店装修、商品展示技巧、商品形象包装、促销活动搭配等因素进行分析，找到转化率不高的原因。

③ 从流量去向中可查看离开页面排行及离开页面去向排行。在页面分析中可对与网店的首页、自定义承接页、商品详情页流量相关及引导转化的各项指标进行分析，也可对网店装修的不同页面进行装修诊断。

④ 在页面配置中可定制添加自定义页、承接页、商品详情页等页面以进行日常监控或实时监控。

4. 消费者分析

消费者分析属于付费功能，订购后卖家可自定义不同的消费者群，追踪消费者分层营销效果，对不同消费者群特征进行对比分析，对消费者质量进行评估。

8.3.4　交易分析

交易分析主要提供交易概况、交易构成和交易明细 3 个功能（见图 8-15），可从网店整体到不同粒度细分网店交易情况，以帮助卖家及时发现网店的问题。

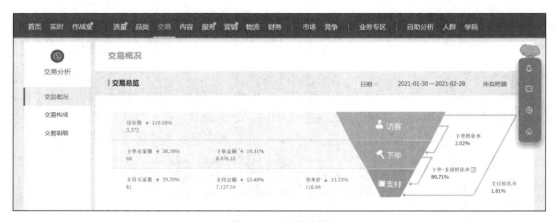

图 8-15　交易分析

① 通过交易概况，可从整体上了解网店的交易情况，并对交易总览和交易趋势的数据进行查看和分析。通过交易总览，卖家可以了解任意天数的支付金额、支付买家数、客单价和转化率等数据，还可在交易趋势栏中查看与同行平均支付金额的对比情况。

② 交易构成可从不同粒度细分网店交易构成情况，主要有终端构成、类目构成、价格带构成、品牌构成等方面，可以帮助卖家了解终端、类目和品牌等各方面的交易数据，以便有针对性地进行完善和优化。终端构成主要用于分析网店 PC 端、手机端的交易情况。类目构成主要从类目的角度出发，分析网店类目的交易情况。价格带构成主要分析网店商品各个价格的构成，如哪个价格带更受买家喜欢、转化率如何，并从商品价格出发分析网店的交易数

据。品牌构成主要分析网店各个品牌的成交构成，如哪个品牌更受买家喜欢，从商品品牌出发分析网店交易的数据。

③ 交易明细中可以显示任意一天的全部订单明细或当天任意一笔订单的交易明细。

课后实训

使用生意参谋分析网店流量和访客特征

对淘宝商家而言，经营网店就是经营数据，不能实时了解和掌握数据，网店就很难取得成功。淘宝商家的数据分析能力直接影响网店的经营效果，淘宝商家的数据分析能力越强，把握市场动向的能力就越强。因此，淘宝商家应分析网店流量数据、网店访客特征等。请同学们根据所学数据分析知识，使用生意参谋分析自己网店的流量数据以及访客特征，并将对应数据填入表 8-1 和表 8-2 中。

表 8-1　网店流量数据

访客数	跳出率	支付转化率	流量来源（占比）

表 8-2　网店访客特征

地域分布	性别	行为分布	消费层级	新老客户（占比）

复习思考题

一、填空题

1. 数据分析是指_____，在研究大量数据的过程中寻找模式、相关性和其他有用的信息，从而帮助企业更好地适应变化，做出更明智的决策。

2. 数据分析流程一般分为 6 步，包括明确分析目的与思路、_____、数据处理、数据分析、数据优化与持续追踪。

3. 对比分析法通常是对两个相互联系的数据进行比较，从数量上展示和说明数据分析对象的_____、水平高低、速度快慢，以及各种关系是否协调。

4. 网店运营人员要增加销售额，就要做好以下 3 项工作：增加访客数、提高转化率和_____。

5. 毛利润率是毛利润占销售收入的百分比，其中毛利润是销售收入与_____的差额。

二、判断题

1．明确分析目的是确保数据分析过程有效进行的先决条件。（　　　）

2．电商易是一家电商系统工具提供商，其旗下主要有看店宝、小旺神、多多查、店侦探、参谋、店数据等一系列相关电商应用分析工具，其中的所有功能商家都可以免费开通。（　　　）

3．转化率是指在一个统计周期内，完成转化行为的次数占推广信息总点击次数的比率。（　　　）

4．投资回报率=投资总额÷利润×100%。（　　　）

5．客单价是指在一定时期内，每一个客户平均购买商品的金额，即平均交易金额。（　　　）

三、简答题

1．简述数据分析的目的。

2．简述数据分析的作用。

3．简述数据分析的方法。

4．简述客单价的影响因素。

5．简述生意参谋平台功能。

第9章 移动社交网店运营与管理

章首导学

学习目标

1	知识目标	❖ 了解移动社交电商的定义 ❖ 了解移动社交电商的主要形式
2	技能目标	❖ 掌握抖音直播运营 ❖ 掌握快手直播运营
3	素养目标	❖ 培养紧跟行业趋势、积极思考的工作习惯

9.1 移动社交电商概述

随着传统电商流量红利的逐渐消失，深度挖掘移动社交网络商业价值的移动社交电商，以一种全新的商业模式进入电子商务行业，给行业带来了全新的变化。

9.1.1 移动社交电商的定义与特征

1. 移动社交电商的定义

移动社交电商是指依托人与人之间的社交关系，借助移动社交媒体，通过社交互动、客户生产内容等方式辅助实现商品交易的电商模式。移动社交电商商品交易的过程融合了内容分享、客户关注、客户互动等社交元素，所以它也是移动社交媒体和电商的融合。

2. 移动社交电商的特征

在电商商品交易中，移动社交电商能够起到导购的作用，并让客户与客户之间、客户与卖家之间形成互动。对卖家来说，在移动社交平台上运营网店有利于加深企业或品牌与客户之间的联系，增加客户对企业或品牌的黏性。具体来说，移动社交电商具有以下特征。

（1）购物路径更加简短

传统电商为搜索式购物，移动社交电商为发现式购物。与传统电商相比，移动社交电商的购物流程更加简短，卖家的获客成本更低。

（2）购物网络去中心化

传统电商为商品搜索模式，卖家在电商平台上有统一的流量入口，商品的交易过程呈现中心化的特点。在商品数量较多的情况下，商品在搜索结果中的排名对客户的购买决策有着重要影响。在"马太效应"（指强者越强、弱者越弱的现象）下，平台流量通常会集中在头部卖家身上，尾部卖家的商品很容易被淹没在海量商品中。

移动社交电商以社交关系为核心，商品能够在客户个体之间形成传播，对卖家来说，每个客户个体都可以成为流量入口，并形成交易，因此移动社交电商的购物网络具备较强的去中心化的特点。客户普遍是通过他人推荐进行购物的，对商品品牌的依赖度低，质量好、性价比高的商品更容易形成口碑传播，非品牌商品有了更多的发展机会。

（3）以社交关系为核心

移动社交电商以人为中心，是依托社交关系形成的电商形态，从客户拉新到留存，能够帮助卖家实现高效低成本运营。在客户拉新阶段，依托客户之间的社交关系引流，帮助卖家有效降低了获客成本；在客户转化阶段，凭借卖家与客户之间的信任关系，有效提高了客户转化率；在客户留存阶段，客户既是商品的购买者，也能成为商品的推荐者，在二次营销过程中有利于实现更多客户留存。

9.1.2 移动社交电商的主要形式

从当前形势来看，目前比较活跃的移动社交电商主要包括以下 5 种形式。

1. 传统代理分销型

传统代理分销型移动社交电商的发起者主要是品牌方或传统企业，主要采取团队组织化运营模式，一般由品牌方、传统企业自建团队或第三方代运营组织团队运营，组织者以大规模招商大会的形式招募代理商，根据代理商实力、预期销售规模的不同设置不同层级的商品分销成本价及回报机制。代理商对外通过朋友圈、微信群的形式进行传播推广，促进商品销售，获取商品价差、返利或股份回报。

2. 内容分享型

内容分享型移动社交电商通常是由商家、达人在抖音、快手、微博、微信等社交平台上创建账号，通过策略化的运营账号积累粉丝，不断提高账号的影响力。同时，商家和达人会在账号中采取图文、短视频和直播等形式介绍商品功能、分享商品使用心得等，对商品进行分享和推广，并引导粉丝购买、分享商品。

3. 拼团型

拼团型移动社交电商中具有代表性的案例就是拼多多，平台商家组织货源，以低价商品拼购为核心，基于自媒体渠道，由发起人和参与者进行传播，参与者在此过程中不仅可以购买到低价的商品，而且可以享受参与传播的乐趣。也正因如此，拼多多才能在激烈的市场竞争中脱颖而出，一举成为网络零售的新秀。随后，淘宝、京东、苏宁易购纷纷开启拼购模式，与此同时，以有赞、微店等为代表的第三方服务提供商也为自主商家提供拼团工具，助力商家依靠微信群、朋友圈、公众号等自发进行拼团推广。

4. 社区团购型

社区团购是基于线下真实的社区，通过微信群等开团预售商品，将同一个社区内的人群需求统一起来形成拼团，拼团成功后由商家统一发货，统一配送或客户统一自提的一种购物方式。

简单来说，社区团购型移动社交电商就是由社区团购公司牵头，依托小程序或独立商城，整合上游供应资源，在社区发展团长，由社区团长通过微信群等集中附近居民，并引导群内居民在群内下单消费，然后社区团购公司当天晚上统计订单，第二天将商品配送到社区团长提货处，再由社区团长根据订单为居民送货或由居民自提。由于社区团购形式的集采集送，省去了中间商，所以团购的商品往往物美价廉。

5. 平台开店分销型

平台开店分销型移动社交电商以云集、贝店、归农、甩货宝宝为代表，发起方搭建平台、组织货源，并进行宣传推广，用户在达到发起方基础要求后在平台上选择分销商品、开设分销店铺，通过商品分享、发展会员，促进商品销售，获取服务奖励和交易佣金。

9.2　抖音直播运营实战

随着直播电商的爆发式发展，抖音加大力度自建抖音小店，平台自身开始签约达人，同时在供应链端与直播基地签约，这一系列动作都表明，抖音在加大直播电商的投入。未来，抖音直播电商或将迎来更大的发展机遇。下面介绍如何进行抖音直播运营，包括开通抖音直播及主播人设的打造、开通抖音小店和绑定收款账号、商品橱窗管理、直播预告设置、投放随心推和抖音直播间管理。

9.2.1　开通抖音直播及主播人设的打造

下面详细介绍开通抖音直播及主播人设的打造。

1. 开通抖音直播

若要开通抖音直播，只需进行实名认证，具体操作步骤如下。

第一步：打开抖音 App，在首页下方点击"+"按钮，进入拍摄页面，在下方菜单最右侧选择"开直播"选项，然后点击"开始视频直播"按钮，如图 9-1 所示。

图 9-1　点击"开始视频直播"按钮

第二步：在打开的页面中进行实名认证，如图 9-2 所示，输入真实姓名、身份证号等信息，点击"同意协议并认证"按钮，认证通过后即可开通抖音直播功能。

图 9-2　实名认证

2．主播人设的打造

在当下的直播电商时代，一个良好的人设有助于主播脱颖而出，主播的人设越鲜明，就越能获得用户的认可，由此提升个人影响力，带来流量，提升个人的价值。主播的人设一般分为以下 4 种，如表 9-1 所示。

表 9-1　主播人设的分类及相关要求

主播人设的分类	相关要求
专家人设	专家人设的门槛较高，一般需要机构或职称认证，并有专业技术支持，所以很难批量复刻，但这类人设可以在短时间内获得用户信赖，更容易促成转化
达人人设	与专家人设相比，达人人设对专家背书的要求不高，但建立人设需要前期运营，需要有丰富的内容为人设做铺垫
低价人设	低价人设分为两种，一是背靠货源地，二是背后有强大的供应链支持
励志人设	励志人设很容易与用户建立起深层的情感认同，这类人设的重点在于对人有情有义，对粉丝一片赤诚之心，对弱势群体充满爱心，对不良现象重拳出击

9.2.2　开通抖音小店和绑定收款账号

个人如果要利用抖音直播带货，开通抖音小店算是一条捷径，只要抖音用户按照开店的要求提供相应的资料，如营业执照、个人身份证等证件，就可以直接开通抖音小店。开通抖音小店的具体操作流程如下。

第一步：打开抖音 App，点击"我"，再点击"三条横"，然后点击"抖音创作者中心"，如图 9-3 所示。

图 9-3　点击"抖音创作者中心"

第二步：点击"商品橱窗"，进行实名认证，如图 9-4 所示。

图 9-4　实名认证

第三步：填写相关信息，点击"同意协议并认证"按钮，即可认证成功，如图 9-5 所示。

图 9-5　实名认证成功

第四步：点击"填写带货资质"按钮并上传身份证信息。

第五步：在弹出的页面填写信息后，点击"提交"按钮，即可绑定收款账户。

9.2.3　商品橱窗管理

把商品添加到橱窗后，用户可以根据需要对商品进行管理操作，具体操作方法如下。

第一步：打开"商品橱窗"页面，然后点击"选品广场"，如图 9-6 所示。

第二步：点击商品右下方"加选品车"按钮，将商品加入选品车，然后点击"选品车"，如图 9-7 所示。

图 9-6　点击"选品广场"

图 9-7　点击"选品车"

第三步：点击商品右下方"去带货"按钮，然后在弹出的菜单中点击"上架橱窗"，如图 9-8 所示。

第四步：若为新手用户，会弹出"添加失败"页面，点击"去学习"按钮，如图 9-9 所示。

图 9-8　点击"上架橱窗"　　　　图 9-9　点击"去学习"按钮

第五步：在"必修学习任务"选项卡中点击"立即学习"按钮，并在"新手学习任务"选项卡中完成考试即可完成学习，如图 9-10 所示。

图 9-10　完成学习

第六步：返回"选品车"页面，即可添加成功；点击"去橱窗"按钮，如图 9-11 所示。

第七步：点击商品右下方的"…"按钮，可根据需要对商品进行橱窗管理操作，如图 9-12 所示。

图 9-11　点击"去橱窗"按钮

图 9-12　商品橱窗管理

9.2.4　直播预告设置

在开抖音直播之前，除了提前发布短视频进行直播预热以外，还可以根据开播计划设置直播预告时间，具体操作方法如下。

第一步：打开抖音 App，在直播页面点击"设置"，如图 9-13 所示。

第二步：点击"直播预告"，如图 9-14 所示。

图 9-13　点击"设置"

图 9-14　点击"直播预告"

第三步：点击下方"创建新预告"按钮，如图 9-15 所示。

第四步：设置"开播时间""每周重复""预告内容"，然后点击"保存"按钮，如图 9-16 所示。

图 9-15　点击"创建新预告"按钮　　　　图 9-16　新建直播预告

9.2.5　投放随心推

下面介绍如何在抖音直播间投放随心推，具体操作方法如下。

第一步：打开抖音 App，打开直播页面，点击"随心推"，如图 9-17 所示。

第二步：设置"选择加热方式""推广设置""期望曝光时长""投放人群"等信息，然后点击"支付"按钮下单，如图 9-18 所示。

图 9-17　点击"随心推"　　　　图 9-18　设置"小店随心推"

9.2.6　抖音直播间管理

抖音直播间管理包括直播间商品管理、直播互动设置和创建粉丝群。

1．直播间商品管理

在抖音平台上直播带货时，需要将橱窗中的商品添加到购物车，便于在直播过程中对商品进行讲解或管理，具体操作方法如下。

第一步：开启直播，在直播页面下方，点击"电商"，如图9-19所示。

第二步：点击"去添加直播商品"按钮，如图9-20所示。

图9-19　点击"电商"　　　　　　图9-20　点击"去添加直播商品"按钮

第三步：在"最近添加""选品车""我的橱窗""推荐商品"中勾选需要售卖的商品，然后点击"添加"按钮，如图9-21所示。

第四步：点击商品右下方的"…"按钮即可对商品进行"设置卖点""置顶商品""删除商品"等操作，如图9-22所示。

图9-21　添加商品　　　　　　　图9-22　直播间商品管理

2. 直播互动设置

下面介绍如何在抖音直播间进行互动设置，提升直播间的人气，具体操作方法如下。

第一步：打开抖音 App，在直播页面下方点击"互动"，如图 9-23 所示。

第二步：点击"K 歌""礼物投票""福袋""心愿"等进行互动，如图 9-24 所示。

图 9-23 点击"互动"

图 9-24 选择互动方式

第三步：返回直播页面，点击直播间下方"装饰"，再点击"美化""特效""贴纸""手势魔法""变声器"等进行装饰，如图 9-25 所示。

第四步：返回直播页面，点击"PK"，可以通过发起 PK 或发起连线等方式与其他在线主播进行视频连线，如图 9-26 所示。

图 9-25 选择装饰美化方式

图 9-26 选择 PK 方式

第五步：返回直播页面，点击"连线"，可以选择"观众连线""聊天室""KTV"等玩法，如图 9-27 所示。

3. 创建粉丝群

下面介绍在抖音中如何创建粉丝群，具体操作方法如下。

第一步：打开抖音 App，在"抖音创作者中心"中，点击"主播中心"，如图 9-28 所示。

图 9-27　选择连线玩法

图 9-28　点击"主播中心"

第二步：点击"更多"，如图 9-29 所示。

第三步：点击"粉丝群"，如图 9-30 所示。

图 9-29　点击"更多"

图 9-30　点击"粉丝群"

第四步：点击"立刻创建粉丝群"按钮，如图 9-31 所示。

第五步：还可对粉丝群进行"取消展示"及"展示"管理，如图 9-32 所示。

图 9-31　创建粉丝群　　　　　　图 9-32　粉丝群"取消展示"及"展示"管理

第六步：在粉丝群中，可以直接进行"邀请朋友""微信邀请""分享群聊"的操作，如图 9-33 所示。

第七步：点击"..."按钮，可直接设置"邀请朋友""免打扰""分享群聊""群公告""群管理"等，如图 9-34 所示。

图 9-33　群聊操作　　　　　　　图 9-34　群聊设置

第八步：点击"更多"按钮，可设置"置顶聊天"和"我在本群的昵称"等信息，如图 9-35 所示。

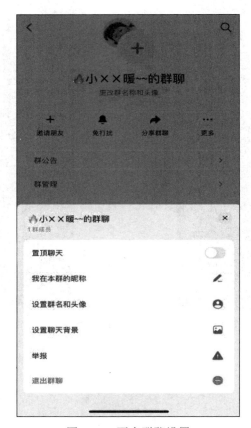

图 9-35 更多群聊设置

9.3 快手直播运营实战

快手直播是由主播在快手平台上进行直播推销的电商新形式。主播会通过发放福利或商品分析等方式向观众推销他们的产品。下面将介绍开通快手直播、主播人设的打造、开通快手小店、绑定收款账号和开通推广权限、快手小店管理、管理佣金收入等内容。

9.3.1 开通快手直播

快手电商入局看似简单，但也是有门槛的。手机开通快手直播的操作步骤如下。

第一步：打开快手 App，点击左上方的"三条横"，如图 9-36 所示。

第二步：点击右下角的"设置"，如图 9-37 所示。

第三步：点击列表中的"开通直播"，然后进行实名认证，完成后点击"同意协议并认证"按钮，如图 9-38、图 9-39 所示。

图 9-36　点击"三条横"

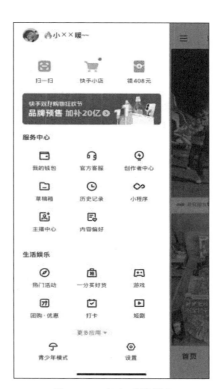

图 9-37　点击"设置"

图 9-38　点击"开通直播"

图 9-39　实名认证

　　第四步：回到快手直播页面，点击下方的"开始视频直播"按钮，即可开通快手直播，如图 9-40 所示。

图 9-40　开通快手直播

9.3.2　主播人设的打造

一个成功的主播要有自己的人设。主播在打造自己的人设时，可以从以下两个方面入手。

1．打造个人 IP

打造优秀的个人 IP，应该注意以下 4 点。

① 创作的内容必须与人设相符，一切账号运营和内容创作都要符合人设的行为逻辑，这样才能给用户留下深刻印象。

② 确定创作内容的核心，并将这种核心做到极致。

③ 优秀的个人 IP 具备独特的个性，这种个性往往需要从个人身上挖掘，可以是性格、外在的表现或某方面的特长。

④ 个人 IP 输出的内容要对粉丝有用、有价值，并且持续生产有传播价值的内容。如果让粉丝学到知识、受到启发，就体现了个人 IP 的价值。

2．账号装修

账号装修其实是人设的一个有力补充，主要包括账号昵称、账号头像和账号简介的设置。

（1）账号昵称

账号昵称要通俗易懂、突出人设、避免重复。

（2）账号头像

账号头像要求图像清晰、主体突出、与账号定位一致。主播可以根据实际情况使用本人照片、内容角色照片或把账号昵称设置为照片。

（3）账号简介

账号简介要求重点突出 3 个信息：我是谁，我可以输出什么价值，关注我的理由。

9.3.3　开通快手小店

快手小店是快手上线的商家功能，可以为快手上优质的用户提供快捷的售卖服务，高效地将流量转化为收益。开通快手小店的具体操作流程如下。

第一步：打开快手 App，点击左上角的"三条横"，在打开的页面中可以看到快手小店，点击"快手小店"，如图 9-41 所示。

第二步：打开快手小店页面，点击右上方的"我要开店"，如图 9-42 所示。

图 9-41　点击"快手小店"

图 9-42　点击"我要开店"

第三步：选择入驻方式，按相应入驻流程操作，上传认证材料，提供实名信息。开播前会要求进行人脸识别，还要做一份与直播相关的考卷，及格才可以开始直播。

第四步：选择登录快手小店卖家端，可以进行选品推广。

第五步：打开快手小店卖家端的"快分销"页面，如图 9-43 所示；在"快分销"页面中打开"开通快分销推广权限"对话框，点击"立即开通"按钮，如图 9-44 所示。

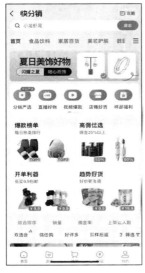

图 9-43　"快分销"页面

图 9-44　开通快分销推广权限

第六步：开通快分销推广权限后，即可在"新增资质绑定"中升级为"个人"店，如图 9-45 所示。

第七步：在"快分销"页面中点击商品下方的"加入货架"按钮，即可将商品加入货架，如图 9-46 所示。

图 9-45　升级为"个人"店

图 9-46　将商品加入货架

第八步：点击"货架"，打开"货架商品"页面，点击商品右下方的"..."，在弹出的菜单中对商品进行"拍短视频""买样后返""下架"等操作，如图 9-47 所示。

图 9-47　管理商品

9.3.4 绑定收款账号和开通推广权限

为了保障快手小店的商品能够正常销售，主播还需要绑定收款账号和开通推广权限。

1. 绑定收款账号

第一步：打开快手 App，点击左上角的"三条横"，再点击"快手小店"，然后点击"常用应用"右边的"查看更多"，如图 9-48 所示。

第二步：点击"账户资金"选项卡中的"收款设置"，如图 9-49 所示。

图 9-48 点击"常用应用"

图 9-49 点击"收款设置"

第三步：点击"立即开通"按钮，即可绑定支付宝或微信支付收款账号，如图 9-50 所示。

2. 开通推广权限

第一步：在快手小店中，点击"我是主播"，打开"我要卖货"页面；点击"我可以推广商品赚钱"右侧的"立即加入"按钮，如图 9-51 所示。

图 9-50 绑定收款账号

图 9-51 点击"立即加入"按钮

第二步：根据页面提示完成实名认证后即可加入快手电商。

9.3.5 快手小店管理

快手小店的管理主要包括选品中心选货、搜索添加商品和带货邀请。

1. 选品中心选货

全新改版的选品中心功能强大，达人不仅可在好物联盟进行多维度、便捷、高效地选货，还能享受直播培训、选品支持、团长推荐等全方位服务。

第一步：点击"快手小店"页面中的"选品中心"，如图 9-52 所示。

第二步：点击商品下方的"加入货架"按钮，即可将商品加入货架，如图 9-53 所示。

图 9-52　点击"选品中心"

图 9-53　点击"加入货架"按钮

2. 搜索添加商品

在顶部搜索栏通过关键词搜索，可选择商品或店铺，如图 9-54 所示。

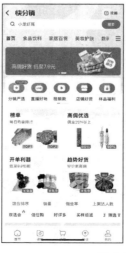

图 9-54　关键词搜索和商品、店铺搜索结果

3. 带货邀请

第一步：查看"我的带货邀约"，如图 9-55 所示。

第二步：点击右上方"设置"，即可设置"我的带货要求"，如图 9-56 所示。

图 9-55 查看"我的带货邀约"

图 9-56 设置"我的带货要求"

9.3.6 管理佣金收入

下面介绍如何进行佣金提现，具体操作步骤如下。

第一步：在选品中心点击"收益"，打开"佣金收入"页面，可查看全部佣金收入，如图 9-57 所示。

第二步：点击"推广订单"，打开推广明细页，可查看所有推广商品产生的订单，如图 9-58 所示。

图 9-57 查看全部佣金收入

图 9-58 查看"推广订单"

第三步：在"账户资金"中"佣金收入"选项中，点击"账单管理"，查看结算佣金和待结算佣金，如图 9-59 所示。

第四步：点击"达人钱包"，打开"账户中心"页面，点击"查看钱包"，如图 9-60 所示。

图 9-59　查看结算佣金和待结算佣金　　　　　　图 9-60　点击"查看钱包"

第五步：输入提现金额，点击"去提现"按钮后即可完成提现，如图 9-61 所示。

图 9-61　提现

 课后实训

开通一场快手直播

小组成员拟定开通一场快手直播，如才艺直播、活动直播、娱乐直播等，考虑需要确定的直播相关流程及操作，填写表 9-2。

表 9-2　快手直播技能实训

快手直播主题		
开直播的流程 及注意事项		
快手直播相关操作	开通快手直播，账号昵称、账号头像及账号简介的设置	
	开通快手小店	
	绑定收款账号和开通推广权限	
	快手小店管理，主要包括选品中心选货、小黄车推广商品、管理商品佣金	
	直播预告设置，主要包括直播内容与直播时间设置	

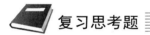 复习思考题

一、填空题

1．移动社交电商是指_____社交关系，借助移动社交媒体，通过社交互动、客户生产内容等方式辅助实现商品交易的电商模式。

2．快手直播可以简单理解为"快手上的电视购物"，它是由主播在快手平台上进行_____的电商新形式。

3．在当下的直播电商时代，一个良好的人设有助于主播脱颖而出，主播的_____，就越能获得用户的认可，由此提升个人影响力，带来流量，提升个人的价值。

4．专家人设的门槛较高，一般需要机构或职称认证，并有_____，所以很难批量复刻，但这类人设可以在短时间内获得用户信赖，更容易促成转化。

5．抖音小店商品橱窗管理是指_____，用户可以根据需要对商品进行管理操作。

二、判断题

1．传统电商为发现式购物，移动社交电商为搜索式购物。（　　　）

2．社区团购是基于线下真实的小区，通过微信群开团预售商品，将同一个小区内的人群需求一起来形成拼团，拼团成功后由商家统一发货，客户到社区门口统一自提的一种购物方式。（　　　）

3．开通抖音直播，不需要进行实名认证。（　　　）

4．低价人设分为两种，一是背靠货源地，二是背后有强大的供应链支持。（　　　）

5．快手小店是快手上线的商家功能，可以为快手上优质的用户提供更快捷的售卖服务，高效地将流量转化为收益。（　　　）

三、简答题

1．简述移动社交电商的特征。

2．简述移动社交电商的主要形式。

3．简述主播人设的分类。

第10章 跨境电商网店运营与管理

章首导学

学习目标

1	知识目标	❖ 了解跨境电商的定义与特点 ❖ 了解速卖通 ❖ 了解速卖通入驻的基本要求
2	技能目标	❖ 掌握跨境电商的分类 ❖ 掌握平台发布类规则 ❖ 掌握速卖通的选品
3	素养目标	❖ 了解全球市场

10.1 跨境电商基础知识

随着互联网和电子商务在国际贸易中的迅速发展，传统的国际贸易方式受到了极大的挑战，而新的国际贸易方式——跨境电子商务（以下简称跨境电商），在"一带一路"倡议和"互联网+"行动的带动下，一直保持着高速度和高利润的迅猛发展态势，成为推动经济转型发展的重要产业。

10.1.1 跨境电商的定义与特点

1. 跨境电商的定义

跨境电商（Cross-Border E-Commerce）脱胎于"小额外贸"，最初是指以个人为主的买家借助互联网平台从境外购买产品，通过第三方支付方式付款，由卖家通过快递完成产品运送的贸易方式。

2. 跨境电商的特点

通过对比跨境电商与传统的国际贸易，不难发现跨境电商的特点，具体如下。

（1）直接化

传统的国际贸易主要由一国（地区）的进/出口商通过另一国（地区）的出/进口商集中进/出口大批量货物，然后货物通过流通企业的多级分销，最后送达有进/出口需求的企业或消费者。其进/出口环节多、时间长、成本高、效率低。然而，跨境电商可以通过电子商务交易与服务平台，实现多国（地区）企业之间、企业与最终消费者之间的直接交易，进出口环节少、时间短、成本低、效率高。

（2）多边化

传统的国际贸易主要表现为两国（地区）之间的双边贸易，即使有多边贸易，也是通过多个双边贸易实现的，呈线状结构。跨境电商则可以通过 A 国（地区）的交易平台、B 国（地区）的支付结算平台、C 国（地区）的物流平台，实现不同国家（地区）之间的直接贸易。跨境电商贸易过程中的信息流、商流、物流、资金流由传统的双边逐步向多边演进，呈网状结构。

（3）数字化

传统的国际贸易，主要是实物产品或服务的贸易。随着信息网络技术的广泛应用，数字化产品（软件、影视作品等）的品类不断增加、贸易量快速增长，且其通过跨境电商进行销售或消费的趋势更加明显。

（4）高频度

跨境电商是通过电子商务交易与服务平台，实现的多国（地区）企业之间、企业与最终消费者之间的直接交易。由于是单个企业与单个企业之间或单个企业与单个最终消费者之间的交易，而且是即时按需采购、销售或消费，相对于传统的国际贸易，跨境电商交易的次数较多或频率较高。

（5）全球性

网络是一个几乎没有边界的媒介，具有全球性的特点。依附于网络产生的跨境电商也因此具有全球性的特点。比如，一家很小的无货源、未铺货的在线公司通过一个可供世界各地的消费者查看的网页，就可以销售其产品和服务，而很难界定这一交易究竟是在哪个国家或地区发生的。

10.1.2　跨境电商的分类

跨境电商渐渐成为外贸增长的新引擎。从商品流向的角度区分，跨境电商可以分为出口跨境电商和进口跨境电商。

1. 出口跨境电商

出口跨境电商是指产品由一国（地区）境内销往境外其他国家（地区）的商业行为。出口跨境电商主要可以分为以下两类。

（1）基于 B2B 的信息服务平台和交易服务平台模式

在基于 B2B 的信息服务平台模式中，企业通过第三方跨境电商平台进行信息发布或信息搜索撮合交易，通过提供会员服务和增值服务获利，代表企业有阿里巴巴国际站、环球资源网等。

在基于 B2B 的交易服务平台模式中，买卖双方能够在跨境电商平台上完成网上交易和在线支付，企业主要通过收取佣金和展示费获利，代表企业有敦煌网、大龙网等。

（2）基于 B2C 的开放平台和自营平台模式

基于 B2C 的开放平台模式主要是将出口电商产品、店铺、交易、物流、评价、仓储、营销推广等各环节和流程的业务紧密结合起来，实现应用和平台的系统化对接，代表企业有亚马逊、全球速卖通、eBay、Wish 等。

基于 B2C 的自营平台模式是对平台经营的产品进行统一的生产或采购、展示、在线交易，并通过物流配送将产品投放至最终消费者群体，代表企业有兰亭集势、环球易购、米兰网等。

2. 进口跨境电商

进口跨境电商是指产品由境外其他国家（地区）销往本国（地区）境内的商业行为。其中，货源组织供应、国际仓储物流、境内保税清关、模式选品等环节存在的多种选择，使进口跨境电商呈现出众多商业模式。

（1）"保税自营+直采"模式

采用该模式的跨境电商平台直接参与货源的组织、物流、仓储等流程，采购的产品以畅销品为主，在物流配送方面采用在保税区自建仓库的方式。该模式的缺点是品类受限，资金压力大，不论是保证上游供应链、物流清关时效，还是在保税区自建仓库，抑或是开展营销、补贴用户等，以提高其转化复购率，跨境电商平台都需要充裕的现金流支持。采用这种模式的典型企业有京东、聚美优品等。

（2）"内容分享（社区资讯）"模式

采用该模式的企业借助境外购物分享社区和用户口碑来提高转化率，以内容引导消费，实现自然转化。该模式的优势在于能够形成天然的境外品牌培育基地，将流量转化为交易。采用这种模式的典型企业有小红书等。

（3）"境外买手"模式

在该模式中，境外买手（个人）入驻平台开店，经营品类以长尾非标品为主。该模式最大的问题是产品真假难辨，在获取消费者信任方面还有很长的路要走。采用这种模式的典型企业有淘宝全球购、洋码头、海蜜等。

（4）M2C 模式

生产厂家对消费者（Manufacturers to Consumer，M2C）模式是生产厂家通过网络平台直接向消费者提供自己生产的产品或服务的一种商业模式。该模式的优点是消费者的信任度高，生产厂家有境外零售资质和授权，产品是从境外直邮的，生产厂家还提供本地退换货服务。

10.2 跨境电商平台全球速卖通运营

10.2.1 速卖通认知

全球速卖通（AliExpress），简称速卖通，是阿里巴巴为帮助中小企业接触终端批发零售商，小批量、多批次快速销售，拓展利润空间而全力打造的融订单、支付、物流于一体的外贸在线交易平台，被广大卖家称为国际版淘宝。速卖通在巴西、俄罗斯、西班牙、乌克兰、智利等国家是非常重要的购物网站。

速卖通于 2010 年 4 月上线，经过多年的迅猛发展，目前已经覆盖 220 多个国家和地区的境外买家，每天境外买家的流量已经超过 5000 万，峰值达到 1 亿，已经成为全球性跨境交易平台。

10.2.2　速卖通的入驻

1.　速卖通入驻的基本要求

① 身份认证。个体工商户或企业身份均可开店，须通过企业支付宝账号或企业法定代表人支付宝账号在速卖通完成身份认证；若无支付宝账号，需要先注册一个企业支付宝账号或企业法定代表人支付宝账号。

注意：平台目前有基础销售计划和标准销售计划供商家选择，个体工商户商家在入驻初期仅可选择基础销售计划。

② 品牌。商家若拥有或代理品牌，可根据品牌资质，选择经营官方店、专卖店或专营店。若商家不经营品牌，可跳过此步骤。

注意：仅部分类目必须拥有商标才可经营，具体以商品发布页面展示为准。

③ 技术服务年费。商家须缴纳技术服务年费，各经营大类技术服务年费不同。经营到自然年年底，拥有良好的服务质量及不断扩大经营规模的优质店铺将有机会获得技术服务年费返还奖励。

2.　速卖通的店铺类型

速卖通店铺分为官方店、专卖店和专营店 3 种类型。申请不同类型的店铺，对于品牌的资质要求会有所不同。

① 官方店。官方店是商家以自有品牌入驻速卖通开设的店铺。

② 专卖店。专卖店是商家以自有品牌（商标为 R 标或 TM 标），或者持他人品牌授权文件在速卖通开设的店铺。

③ 专营店。专营店是经营一个及以上他人或自有品牌（商标为 R 标或 TM 标）商品的店铺。

3.　速卖通的入驻流程

商家申请入驻速卖通非常简单，主要有如下几个步骤。

① 开通账号。用户需要使用企业或个体工商户身份进行卖家账号注册。具体注册流程如下。

第一步：在浏览器地址栏中输入速卖通官网网址并按"Enter"键，在打开的速卖通首页上方可以看到首页、招商计划、卖家故事、最新动态、商家成长及经营支持等栏目，如图 10-1 所示。

图 10-1　速卖通首页

第二步：单击首页右上角"注册"按钮，打开"注册账号"页面。

第三步：在"公司注册地所在国家或地区"下拉列表中选择对应的选项，单击"下一步"按钮，打开下一个注册页面；输入基本信息，包括手机号及电子邮箱等，拖动验证滑块到最右侧，并选中"同意遵守会员协议"复选框等，单击"下一步"按钮。

第四步：打开"验证手机"页面，网站会给注册手机号发送校验码。

第五步：输入收到的校验码，然后单击"提交"按钮，打开"添加邮箱登录名"页面，网站会发送校验码到注册邮箱中，如图 10-2 所示。

图 10-2 "添加邮箱登录名"页面

第六步：输入校验码并单击"提交"按钮，打开"实名认证"页面，如图 10-3 所示。

图 10-3 "实名认证"页面

第七步：根据自己的实际情况选择认证方式为"企业"或"个体户"，然后根据注册向导继续完成后续的注册流程，绑定支付宝账号。此处以企业为例进行展示，如图10-4所示。

图10-4 同意速卖通读取支付宝的认证信息

第八步：打开支付宝登录页面，登录支付宝进行授权，然后等待审核。

② 提交入驻资料。个别类目需提供类目资质，审核通过方可经营，需类目资质的行业可在速卖通官网查询。若要经营商标，需提供商标资料，等待平台审核通过。若用户的商标在商标资质申请页面查询不到，可根据系统引导进行商标添加。若用户不经营商标，可跳过这个步骤。

③ 缴纳年费。根据所选的经营类目缴纳对应的年费。资费标准参见当年度速卖通各类目技术服务费年费一览表。

④ 完善店铺信息。付费完成后，用户需进入卖家后台，然后在"店铺"页面的"店铺资产管理"中设置店铺名称和二级域名（详情可参看《速卖通店铺二级域名申请及使用规范》），若用户申请的是官方店，需要同步设置品牌官方直达及品牌故事内容。

⑤ 开店经营。入驻操作基本完成后，可以对店铺进行装修、发布商品，店铺正式开张。

10.2.3 速卖通的收付款及放款方式

速卖通支持国际支付宝（Escrow）支付，如果卖家已经拥有国内支付宝账户，只需绑定国内支付宝账户即可，无须再申请国际支付宝账户；如果卖家还没有国内支付宝账号，可以先登录支付宝网站申请国内支付宝账号，再绑定。

国际支付宝是一种第三方支付服务，而不是一种支付工具，其服务模式与国内支付宝类似：交易过程中先由买家将货款打到第三方担保平台的国际支付宝账户中，然后第三方担保平台通知卖家发货，买家收到商品后确认收货，第三方担保平台才把货款放给卖家，至此完成一笔网络交易。

1. 收付款方式

国际支付宝目前仅支持买家使用美元支付，卖家可以选择美元和人民币两种收款方式。绑定国内支付宝账户后，卖家可通过支付宝账户收取人民币，国际支付宝会按照买家支付当天的汇率将美元转换成人民币支付到卖家的国内支付宝或银行账户中；卖家也可以通过设置美元收款账户的方式来直接收取美元。

国际支付宝支持多种支付方式，包括信用卡、T/T银行汇款、Moneybookers和借记卡。

买家选取不同的支付方式，卖家的收款方式也会有所不同。

（1）买家通过信用卡支付

① 付款方式处显示为"信用卡（人民币通道）"。国际支付宝按照买家支付当天的汇率将美元转换成人民币支付到卖家的国内支付宝或银行账户中。

② 付款方式处显示为"信用卡（美元通道）"。卖家的美元收款账户收到美元。

（2）买家通过 T/T 银行汇款支付

国际支付宝将美元支付到卖家的美元收款账户（卖家只有设置了美元收款账户才能直接收取美元）。

2. 放款方式

速卖通根据卖家的综合经营情况（如好评率、拒付率、退款率等）评估订单放款时间。

速卖通会冻结一定比例的保证金，用于放款订单后期可能产生的退款或赔偿，以及买家、速卖通或第三方可能产生的其他损失。

10.2.4　平台发布类规则

了解平台规则是运营的基本工作，只有在熟悉规则的情况下，才能不断地规避风险，优化运营效果。

1. 禁售

禁止销售商品一般包括枪支、毒品、易燃易爆的危险品等。

2. 搜索作弊

① 类目错放。类目错放会使商品实际类目与发布商品所选择的类目不一致，导致买家无法搜索到相应商品。卖家可根据发布的商品逐层查看系统推荐类目，或用商品关键词搜索推荐类目，从而选择最准确的类目。

② 属性错选。属性错选指发布商品时，类目正确，但选择的属性与商品的实际属性不一致，产生错误曝光，影响该商品的成交转化。此时要明确所售商品的物理属性和营销属性，也可在线上通过商品关键词查看此类商品的展示属性，避免遗漏或者多选属性的情况。

③ 标题堆砌。标题堆砌指在商品标题中出现与实际销售商品不符的商品词或出现关键词使用多次的行为。出现的情况可能有：商品的描述使用多个相同或者相近的关键词；标题中出现与发布商品属性不符的关键词。

④ "黑五"类商品错放。"黑五"类商品错放指订单链接、运费补差价链接、赠品、定金、新品预告 5 类特殊商品，没有按规定放置到指定的特殊发布类目（即"Special Category"）中。

3. 重复铺货

重复铺货的情况有以下两种。

① 商品主图完全相同，且标题、属性雷同。

② 商品主图不同（如同件商品的不同拍摄角度等），但标题、属性、价格高度雷同。

重复铺货特殊情况说明：商品主图、标题、属性均雷同，但有合理的展示需求时，不视为重复铺货，如同件商品设置不同的扣包方式，发布商品数量不能超过 3 个，否则多余的商品将被视为重复铺货。

4. 广告商品

以宣传店铺或商品为目的，发布带有广告性质（包括但不限于在商品标题、图片、详细描述信息等中留有联系信息或非速卖通的第三方链接等）的信息，吸引买家访问。

5. 描述不符

描述不符指商品标题、图片、属性、详细描述等信息之间明显不符，信息涉嫌欺诈。

6. 计量单位作弊

计量单位作弊指发布商品时，将计量单位设置成与商品常规销售方式明显不符的单位的行为；或将标题、描述里的包装物亦作为销售数量计算，并将商品价格分摊到包装物上，误导买家的行为。

7. 价格作弊

价格作弊指以超低价或超高价发布商品，其目的是在价格排序时吸引买家注意，骗取曝光。

以超低价发布商品指卖家以较大的偏离正常销售价格的低价发布商品；以超高价发布商品指卖家以较大的偏离正常销售价格的高价发布商品。

8. 运费作弊

运费作弊指卖家以超低的或不合理的价格发布商品，吸引买家注意的同时，相应调高运费价格弥补成本的行为；或在标题及运费模板等处设置的运费低于实际收取的运费的行为。

9. SKU 作弊

SKU 作弊指卖家刻意规避商品 SKU 设置规则，滥用商品属性（如套餐、配件等）设置过低或者不真实的价格，使商品排序靠前（如价格排序）的行为；或者在同一个商品的属性选择区放置不同商品的行为。

10. 销量作弊

当店铺被发现销量作弊时，作弊违规商品在平台搜索排名中将靠后，并被计入搜索作弊违规商品总数。当店铺搜索作弊违规商品累计达到一定量后，平台将对整个店铺进行不同程度的搜索排名靠后处理；情节严重的，将对店铺进行屏蔽；情节特别严重的，将冻结账户或直接关闭账户。

10.2.5　速卖通的选品

速卖通目前以直发为主，对于本地化的运作只有卖家自己主动提升时效性和客户体验，平台本身没有此要求。那么，这样产品在重量和价值方面就有了区分，所以目前集中在速卖通的品牌多是时尚类品牌和配件以及小家居、运动类品牌。

10.2.6　商品的配送与客户服务策略

买家在注重商品品质的同时，也会追求跨境购物过程中在商品配送环节的体验。因此，对速卖通的卖家来说，提高物流效率、提升物流服务水平是提升自身竞争力的重要内容之一。优质的客户服务是提升客户购物体验，提高转化率，促进客户二次购买的有效方法。在客户服务环节，卖家需要重点做好与客户沟通和纠纷处理两项工作。

1. 物流方式的选择

卖家在选择物流方式时要清楚各种物流方式的特点和服务内容，例如，物流方式的配送范围、配送时效、对包裹重量和尺寸的限制、计重方式、是否提供仓储服务、是否提供打包服务、是否提供系统软件服务等。卖家可以先选择几家符合自己要求的物流商进行对比，再从中选择最适合自己的。

速卖通为卖家提供了多种物流方式，包括线上发货、无忧物流和海外仓。

① 线上发货。速卖通"线上发货"是由速卖通、菜鸟联盟联合多家优质第三方物流商打造的物流服务。卖家使用线上发货可直接在速卖通后台在线选择物流方案，物流商上门揽收（或卖家自寄至物流商仓库），运输到境外。卖家可在线支付运费，在线发起物流维权，阿里巴巴作为第三方将全程监督物流商的服务质量，为卖家权益提供保障。

速卖通线上发货物流方案包括经济类物流方案、标准类物流方案和快速类物流方案，各个物流方案的特点如表 10-1 所示。

表 10-1 速卖通线上发货物流方案的特点

线上发货物流方案	特点
经济类物流方案	物流成本低，不提供目的地包裹妥投信息的查询，仅允许使用线上发货，适合运送价值低、重量轻的商品
标准类物流方案	包含邮政挂号服务和专线类服务，全程物流追踪信息可查询
快速类物流方案	包括商业快递和邮政提供的快递服务，具有速度快、全程物流追踪信息可查询的特点，适合运送高价值商品

② 无忧物流。无忧物流是速卖通和菜鸟网络联合推出的速卖通官方物流服务，能够为速卖通卖家提供包括稳定的境内揽收、国际配送、物流详情追踪、物流纠纷处理、售后赔付在内的一站式物流解决方案。

目前，速卖通为卖家提供的无忧物流包括简易服务、标准服务、优先服务，这些服务都是通过菜鸟网络与多家优质物流服务商合作搭建的全球物流网络提供的，菜鸟智能分单系统会根据目的地、品类、重量选择最优物流方案。

③ 海外仓。海外仓是指建立在境外的仓储设施。在跨境电商中，海外仓是卖家为了提升订单交付能力而在接近买家的地区设立的仓储物流节点，通常具有货物储存、流通加工、本地配送及售后服务等功能。

2. 与客户沟通的技巧和纠纷的处理

（1）与客户沟通的技巧

在与客户沟通的过程中，卖家要做到回复及时、专业，且要保持礼貌的态度，回复内容简洁、清晰。在与客户沟通时，卖家要注意以下几个细节。

① 客户名字。在与客户沟通的过程中，卖家要将客户的名字写正确，这是对客户最基本的尊重。

② 称呼。卖家可以使用"Dear××"来称呼客户，但如果卖家已经和客户比较熟悉，可以使用 Hi、Hello 这样的用语，显得与客户更加亲密。

③ 问候语。在日常与客户频繁的邮件来往中，卖家可以不必使用问候语。当卖家偶尔与某个客户沟通时可以使用"How are you doing？""How are you today？""I wish you are doing well."之类的问候语。

④ 内容。卖家回复的内容要言简意赅，语言简洁明了，切忌长篇大论，用简单易懂的语言将自己的意思表达清楚。

（2）纠纷的处理

在店铺运营过程中，纠纷是各位卖家必须要面对的一个问题。一旦遇到纠纷，卖家不应该选择逃避，而是应该积极、主动地采取有效措施解决纠纷，以维护店铺的健康运营。

在速卖通店铺运营过程中常见的纠纷有两种，一种是买家收到的商品与约定不符，另一种是买家未收到商品。针对这两种纠纷，卖家可以分别采取相应的措施。

① 规避买家收到的商品与约定不符纠纷。要想避免因为买家收到的商品与约定不符而产生的纠纷，卖家需要为买家提供真实、全面的商品描述，发货前全面检查商品，不销售假货。

② 规避买家未收到商品纠纷。要有效避免因买家未收到商品而引起的纠纷，卖家要做好物流方式选择和与买家积极沟通两个方面的工作。

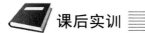 课后实训

跨境电商商品定价

小张想要开设一家服装店铺，店铺主要经营男士牛仔短裤，请你帮助小张查询并整理同一商品在不同跨境电商平台上的定价，分析其定价优势和劣势分别是什么，并填写表10-2。

表 10-2　同一商品在不同跨境电商平台上的定价及其定价优势和劣势

跨境电商平台名称	商品名称	商品定价	优势	劣势

 复习思考题

一、填空题

1．跨境电商脱胎于"小额外贸"，最初是指以个人为主的买家借助互联网平台从境外购买产品，通过＿＿＿＿＿＿＿方式付款，由卖家通过快递完成产品运送的贸易方式。

2．基于B2C的开放平台模式主要是将出口电商产品、店铺、交易、物流、＿＿＿＿＿＿、仓储、营销推广等各环节和流程的业务紧密结合起来，实现应用和平台的系统化对接。

3．速卖通会冻结一定比例的_____，用于放款订单后期可能产生的退款或赔偿，以及买家、速卖通或第三方可能产生的其他损失。

4．"黑五"类商品错放指订单链接、运费补差价链接、赠品、定金、_____5类特殊商品，没有按规定放置到指定的特殊发布类目（即"Special Category"）中。

5．速卖通目前以_____为主，对于本地化的运作只有卖家自己主动提升时效性和客户体验。

二、判断题

1．在基于B2C的信息服务平台模式中，企业通过第三方跨境电商平台进行信息发布或信息搜索撮合交易，通过提供会员服务和增值服务获利。（　　　）

2．速卖通于2010年6月上线，经过多年的迅猛发展，目前已经覆盖220多个国家和地区的境外买家，每天境外买家的流量已经超过5000万，最高峰值达到1亿，已经成为全球性跨境交易平台。（　　　）

3．禁止销售商品一般包括枪支、毒品、易燃易爆的危险品等。（　　　）

4．价格作弊指以超低价或超高价发布商品，其目的是在价格排序时吸引买家注意，骗取曝光。（　　　）

三、简答题

1．简述跨境电商的特点。

2．简述进口跨境电商模式。

3．简述速卖通的店铺类型。

4．简述速卖通的入驻流程。

5．简述速卖通物流方式的选择。

参考文献

[1] 章玲玲，朱合圣. 网店运营与管理：慕课版[M]. 北京：人民邮电出版社，2022.

[2] 北京鸿科经纬科技有限公司. 网店运营基础[M]. 2 版. 北京：高等教育出版社，2022.

[3] 严珩，张华. 网店运营：流量优化 内容营销 直播运营（慕课版）[M]. 北京：人民邮电出版社，2022.

[4] 孟雯雯，李小敬，仇利克. 网店运营推广[M]. 北京：中国人民大学出版社，2021.

[5] 赵丽英，聂淼. 网店运营实务：微课版[M]. 北京：人民邮电出版社，2022.

[6] 宋卫，徐林海. 网店运营实务[M]. 2 版. 北京：人民邮电出版社，2023.

[7] 宋俊骥，孔华. 网店运营实务[M]. 北京：人民邮电出版社，2018.

[8] 刘祥. 网店运营推广[M]. 北京：电子工业出版社，2020.